교육의 바른길,
우리 함께 갑시다

교육의 바른길, 우리 함께 갑시다

진정한 교육 혁신을 이루어 낼 방안은 무엇인가?

김동환 지음

좋은땅

이 시대가 요구하는 교육 리더십

바야흐로 선거철이 돌아왔다. 2022년은 대통령 선거와 지방자치단체 선거가 함께 있다. 곳곳에서 자신이 리더의 역할을 하고자 출마하는 사람들이 늘어나고 있다. 유권자의 마음을 얻기 위해서는 이 시대가 요구하는 리더십을 발휘함과 동시에 다양한 정책을 해야 한다.

진보주의자이자 '바른 마음'의 저자 조녀선 하이트는 진보가 보수보다 우월하다는 것을 객관적으로 입증하기 위해 방대한 연구를 시작한다. 그러나 그는 사회가 올바르게 나아가기 위해서는 진보와 보수는 서로 보완하고 협력하여 균형과 조화를 이루어야 한다는 결론에 다다른다.

정치적 진영 논리에 따른 편 가르기 때문에 우리 국민은 많이 지쳐 있다. 그리고 교육은 정치와 달라야 한다. 교육이야말로 왼쪽이나 오른쪽에 치우침이 없이 가야 할 바른길이 있다. 그렇게 치우치지 말라고 교육 자치를 한다. 그런데 기존 정치판을 흉내 내는 진영 논리를 갖고 나온다면 지금은 국민의 마음을 얻기 힘들 것이다.

그보다는 교육의 바른길을 제시하여 진정한 교육 혁신을 이루어 낼 방안은 무엇인지 고민해야 한다. 그래야 공교육이 국민의 신뢰를 회복할 수 있다는 믿음을 주고, 학부모들의 지치고 아픈 마음을 위로해 줄 수 있을 것이다.

오직 우리 아이들만 바라보고 바른길을 걸어야 한다. 또한, 각종 교직단체와 이해관계가 얽혀 있는 집단의 주장들을 수용할 필요가 있다. 더 나아가 국민의 마음을 어루만져 줄 수 있는 포용과 통합의 정신이 요구된다.

따라서, 이 시대가 요구하는 교육 리더십은 포용과 통합의 정신으로 균형 잡힌 조화로운 교육을 지향해야 한다.

1부

혁신학교 말고
교육혁신 하자

I. 혁신학교 12년!
줄지 않는 사교육비

1. 무엇을 혁신할 것인가?

국민이 더욱 열망했던 교육혁신

우리 교육에 대해 떠오르는 국민의 이미지는 어떤 것들이 있을까? 대표적인 것 중 하나가 무거운 가방을 메고 학원을 가는 아이들을 상상할 것이다. 온종일 학교에서 공부를 마치고 나온 아이들은 또다시 밤늦게까지 학원에서 공부한다. 이렇게 공부를 하다 보면 식사를 거르는 일도 있다. 또한 끝없이 오르는 학원비를 부담하려고 가계는 휘청인다.

그래서 처음 교육혁신이라는 말이 나왔을 때 국민은 열광했다. 개혁도 아니고 혁신이라는 강도 높은 말에 대해 국민은 우리의 공교육에 변화가 있을 것이라고 기대했다.

그러한 국민의 열망을 확인할 수 있는 증거가 바로 2009년부터 시작된 교육감 직선제 결과를 통해서 엿볼 수 있다. 예를 들어, 일반 정치에서 보수나 진보 진영이 평화로운 정권 교체를 해도 급진적인 진보 정권의

교육의 바른길, 우리 함께 갑시다

집권은 아직은 왠지 시기상조처럼 보인다. 그러나 교육감 선거는 전혀 달랐다. 얼마나 교육 현실에 대한 불만이 가득하면 교육계는 이도 저도 따지지 않고 급진적인 진보 세력을 선택했다. 각 지역에서 평생 교사로 근무하며 노조 활동을 열심히 하였던 평교사 출신들이 연이어 교육감에 선출되었다. 한평생 교감이나 교장의 관리자 경험도 없고, 장학사와 같은 교육전문직 경험도 없는 사람들이 교육행정을 하는 교육청의 수장이 된 것이다.

적절한 비유일지 모르지만, 일반 정치로 따지면 공장의 노조위원장들이 시장이나 도지사가 되고, 회사라면 평사원이었던 사람들이 갑자기 사장이 되는 것이다. 그렇게 인사권을 쥔 교육감들이 과장, 부장, 다 제치고 평사원들을 이사급으로 임명하는 것과 같은 급진적이고 파격적인 인사정책을 펼쳐 온 것이 지난 12년간 교육계에서 비일비재했던 현상이다. 보수적이었던 교육 관료들에게는 실로 충격이자 파격이었다. 그러나 그런 일들이 지난 12년간 교육계에서는 엄연히 벌어지고 있었다.

나는 이런 현상이 그만큼 일반 국민이 막연하게나마 교육이 제발 좀 바뀌었으면 하는 열망이자 교육에 대한 개혁 요구가 얼마나 절실했는가를 나타내는 반증으로 생각한다.

교육혁신이 진보인가?

교육은 진보와 보수가 없다. 마치 교육혁신을 진보라 생각하는 것은 교육계를 정치처럼 보는 인식이 만든 잘못된 프레임이다. 교육혁신은 시대의 물결 같은 것이다. 세상이 변하고 있기에 교육도 변하지 않고서는 견딜 수 없는 것이다.

군이 진보와 보수로 교육을 따지자면 교육은 본질적으로 보수적일 수밖에 없다. 왜냐하면 가정에서도 가장 소중한 아이들에게 진보적 실험을 하는 것을 쉽게 용납하기 어렵기 때문이다. 가장 검증되고 안전한 교육이론만이 아이들에게 적용되어 진다. 그래서 교육은 보수적으로 움직일 수밖에 없다. 그러나 역설적으로 그렇게 소중한 아이들이다 보니 가장 진보적인 실험도 마다하지 않는다. 이게 무슨 해괴한 소리인가?

우리 집 아이가 단순한 감기에 걸렸다고 해 보자. 감기약을 지으러 갔더니 약사가 한다는 말이 이번에 제약회사에서 신약을 개발하고 있는데 임상실험 겸 아이에게 먹여 보자고 한다면 우리는 어떻게 말할까? 이게 무슨 말도 안 되는 소리냐고 할 것이다. 내 아이에게는 이미 부작용이 전혀 없는 검증되고 효과가 확실한 약만을 먹이고자 할 것이다.

그런데 만일 우리 아이가 단순한 감기가 아니라 불치의 위급한 중병이 걸렸다고 가정해 보자. 세상에는 어떤 치료제도 없다. 그런데 어느 제약회사가 막 개발 중인 신약이 있다고 한다. 그 소식을 들은 부모는 한 줄기 희망이라도 찾아서 무조건 약을 달라고 할 것이다. 아이가 죽을 위기에 처해 있는데 무언들 못할까? 제약회사가 아직 임상실험이 끝나지 않아서 검증이 덜 되었다고 주저한다 해도 부모는 무조건 달라고

　　　　　　　　　교육의 바른길, 우리 함께 갑시다

할 것이다.

그럼 지금 이 시대가 무슨 중병이라도 걸린 위기 상황이라는 것인가? 그것은 상황을 어떻게 바라보느냐는 시각에 달린 문제이다. 어린 학생들이 옥상에서 떨어져 자살하는 사건이 빈번하게 발생하지만, 이제는 뉴스에서 보도도 안 한다. 대한민국 전체 학생들의 절반이 자신이 불행하다 느끼며, 우울한 기분을 경험하는 현실에 직면해 있다. 이것이 중병이 아니면 무엇이 중병이란 말인가?

우리 교육은 너무 더디게 변화했고, 반면 시대는 너무 급변하고 있다. 더욱이 미래는 지금까지와는 전혀 다른 예측 불가능한 상황이 벌어질 것이다. 혁신이 필요하다는 사람들은 단순히 개혁을 실행하고 변화를 추구하는 것으로는 우리 교육의 문제가 해결되지 않을 것으로 생각한다. 그만큼 우리 교육이 절박한 상황이라고 볼 수 있다. 사람마다 다른 입장과 시각, 생각이 있겠지만 나는 그렇게 본다. 더 늦춰서는 안 될 만큼 공교육 현실이 절박하다고.

10년 넘게 진행되고 있는 지금의 교육혁신 운동이 실패하면 자칫 우리나라의 미래가 세계 다른 나라에 비해 크게 뒤처질 수 있다. 일제 강점기와 이어진 6·25 전쟁의 암울한 역사적 폐허에서 어떻게 일어난 우리나라인가? 그 바탕에 교육이 지대한 역할을 하였음을 우리 스스로 인정하고 있다. 그런데 그러한 성공적인 교육이 달라진 시대 상황에 뒤처져 이제는 오히려 교육이 우리나라 성장의 발목을 잡는 상황이 올 수 있다.

교육은 혁신해야 하고 우리나라가 다시 도약하는 데 발판이 되어야 한다. 오직 인재밖에 자원이 없는 우리나라가 교육에 투자하지 않으면 어디에다 투자한단 말인가? 그래서 지금이 교육혁신을 성공시켜야 할 절박한 시점이라고 생각한다. 따라서 교육혁신의 길에 진보니, 보수니 하는 진영 논리는 참 무의미하고 소모적인 논쟁이다.

재건축이 아닌 리모델링

교육혁신을 하는 데 가장 큰 걸림돌 하나는 교육혁신의 주체가 되어야 할 교원들이 혁신에 대해 갖는 이미지이다. '민주' 또는 '혁신'이라는 말만 들어도 반감을 갖게 된다는 선생님들의 말을 종종 들을 수 있다. 학교 운영을 민주화해야 한다느니, 학생 자치를 실현하여 민주시민교육을 해야 한다느니 이런 말에 반감을 갖는다는 말이다.

왜 그럴까? 민주적인 학교 운영을 통해 선생님과 학생들이 자연스럽게 민주주의에 익숙해지고, 장차 이 나라의 훌륭한 민주시민이 되게 하자는 것이 무슨 문제란 말인가?

문제는 이러한 교육의 혁신을 주도하는 주체들의 접근 방법이었다. 기존의 교육 주체들을 인정하고 존중하며, 발전적인 방향으로 개선하자는 식으로 접근했으면 좋았겠지만, 마치 과거의 교육이 모두 잘못되었고, 그래서 완전히 뒤바꿔야 한다는 듯이 접근하는 방식이었다.

이는 진보적 교육감들의 편향적 사고와 소위 직선제를 통한 선거가 낳은 부작용이라고 생각한다. 선거라는 것은 기본적으로 대중성이 필요하다. 인지도를 높이기 위해 자극적인 말을 늘어놓아야 하고, 극단적인 대치와 경쟁 상태라는 프레임을 만들어야 비로소 재미가 있는 것이다. 그러니 이전 것을 부인하는 전략이 필요할 수밖에 없다.

과거의 교육을 혁신하자는 주장은 마치 그동안 살아온 아파트를 리모델링해서 다시 거주하자는 방식으로 접근해야 한다. 그런데 기존에 살아왔던 아파트를 아예 완전히 무너뜨리고 재건축을 해야 한다고 주장하는 것 같은 느낌 때문에 반감을 불러일으킨다. 지금까지 우리 교육은 우리나라가 발전하는 데 지대한 공헌을 했다. 또한 그 주역이었던 분들이 이제껏 자부심을 지니고 살아왔다. 하지만 이제 학교 내에서 선배가 된 그들에게 마치 당신이 과거에 해 온 교육활동은 다 잘못인 양 몰아붙이고 있다. 이렇게 모든 것을 완전히 바꾸자는 주장들과 상황으로 교육혁신에 대한 거부감이 발생하게 되었다.

많은 사람은 오늘날 우리 교육의 문제를 보면서 우리 교육에 혁신이 필요하다는 데 절대적으로 동의한다. 하지만 방법론에 있어 현명하고 신중하게 접근해야 한다. 급한 마음에 의견 수렴 없이 교육청이 주도하여 몰아붙이게 되면 거부감이 생길 수밖에 없다. 정책이 아닌 운동처럼 결국 국민 의식과 학교 현장의 교육공동체 모두의 절대적 동의가 필요하다. 그래서 이러한 방법에는 모두의 지혜가 필요하다. 우리는 과거 1990년대 잠간 열풍처럼 휩쓸고 지나갔던 열린교육 운동의 실패를 기억해야 한다. 자칫 교육혁신이 열린교육 운동의 전철을 밟을까 심히 우려되기 때문이다.

무엇을 혁신해야 하는가?

이 질문을 다시 정확히 말하자면 '가장 강조해서 혁신해야 할 것이 무엇인가?'라는 의미이다. 이 포인트가 서로 다르니까 자꾸 오해가 생기고 방향이 엉뚱하게 흘러간다.

1989년, 대학교 1학년, 교육학 시간에 '섬머힐'이라는 영국의 대안학교에 관한 비디오를 보았다. '섬머힐'은 교육과정을 자율적으로 운영하는 학교로서 학생을 믿고 기다리며 학생 중심 교육을 하는 학교였다. 지금처럼 혁신학교니, 자율학교니 하는 개념이 없던 시절이었다. 고등학교 3년 내내 강제적인 야간자율학습에 시달리며 힘들었었다. 이제 막 대학을 들어온 어린 새내기 대학생의 눈에 '섬머힐'이라는 학교의 모습은 충격 이상이었다. 그날 나는 내가 교육의 길로 들어선 이상 대한민국의 학교를, 교육을 저렇게 바꾸어야겠다는 당찬 생각을 했었다.

아이 때 누구나 이런 경험이 있을 것 같다. 너무 놀아서 이제 공부해야지 하고 마음을 먹고 들어오다 엄마를 만났는데 엄마가 공부 좀 하라고 잔소리를 하신다. 그러면 갑자기 하려고 마음먹었던 공부가 하고 싶지 않은 경험 말이다. 인간은 근본적으로 자유를 갈망한다. 사람은 언제나

교육의 바른길, 우리 함께 갑시다

스스로 하고자 원하는 일을 할 때 신나게 할 수 있다고 본다. 인간의 자발성이 책무성을 높인다고 믿는다. 성공하는 교육은 학생들에게 자율성과 그에 따른 책무성을 스스로 갖추게 하는 것이다.

그날 우연히 보게 된 '섬머힐'에서는 학생들의 자율을 존중하는 시스템을 갖추고 운영하고 있었다. 나는 더욱 집중하여 그 비디오에서 나오는 말들을 끝까지 경청했다. 그런 혁신적인 학교 교육과정 운영 결과가 놀라웠다. 아이들이 학습을 시작하는 시점은 각기 달랐지만, 모두 언젠가는 열심히 공부하기 시작했고, 우수한 진학 결과와 진로에 있어서 성공적인 결과를 맺고 있었다.

여기서 나는 두 가지를 강조하고 싶다. 우선 우리 교육에서 무엇이 학생들을 힘들게 하고 있는가? 바로 교육의 방법이 여전히 획일적인 문제가 있고, 교육과정 운영이 자율적이지 못해서 힘들다. 그래서 교육의 방법을 혁신해야 한다. 그리고 하나 더 반드시 강조하고 싶은 것은 그렇게 혁신적인 방법으로 교육을 했다면 분명히 알찬 결과를 맺어야 한다.

나는 늘 입버릇처럼 교육혁신의 방법에 대해서 강조했다. 과정만 강조하고 결과가 없다면 공허한 교육이고, 결과만 강조하고 과정이 무시되면 피곤한 교육이 된다고 말이다. 과거에 힘들었던 공부 방법을 바꾸어서 학생들이 흥미를 느끼고 재미있게 공부를 할 수 있도록 하자는 것이다. 그것이 혁신의 가장 중요한 점이 되어야 한다. 이러한 과정과 결과의 상호 작용 관계에 대해서 다시 한번 더 짚어 보겠다.

과정과 결과

목포에서 서울까지 가는 방법에는 버스도 있고, 기차도 있다. 심지어 걸어서 갈 수도 있다. 서울이라는 목적지에 도착하는 일이 결과라면 다양하게 가는 방법은 과정이다.

학생들이 하루하루 학교에 나와서 배움을 갖는 시간이 모두 과정이다. 그리고 그 과정을 통해 미래사회를 살아갈 역량을 기르며, 지식을 쌓고, 학업 성취도가 올라가는 결과를 낳는다.

그런데 과거에는 그 결과를 위한 과정이 너무 힘들었다. 마치 서울을 걸어서 가는 것과 같은 방법이었다. 강의식 중심의 단순화된 시스템에서 학생들의 배움의 모습은 암기와 주입식을 바탕으로 한 단순한 반복과 훈련이 중심이었다. 그러한 과정을 통해서 학생들은 인내심 외에 얻을 수 있는 것이 많지 않았다. 그러다 보니 과정은 무시하고 오직 결과만이 중요시되던 시대였다.

그러나 세상이 달라졌다. 더 이상 이 세대의 아이들에게 그런 방법은 통하지 않는다. 그래서 버스를 아니 버스보다 더 빠르고 효율적인 기차나 비행기를 이용하자고 한다. 토론식, 주제 탐구식 등 다양한 방법의 교수학습 모형을 과정에서 추구한다. 이로써 학생들이 흥미를 지속하고 이왕 하는 공부가 재미있고 그 과정 자체를 통해서, 배움의 과정에서부터 많은 역량을 길러 주자는 것이다.

이것이 교육혁신의 가장 중요한 핵심이 되어야 한다. 그러나 그런 과정의 변화도 결국은 목적은 같다. 방법이 다를 뿐이다. 그런데 목적을 잃은, 즉 결과를 무시하는 과정은 공허한 일이 된다는 것이다.

우리가 학교급을 유치원, 초등학교, 중학교, 고등학교로 나누는 것은 학생의 발달단계가 다르기 때문이다. 어릴수록 과정은 더욱 중요해진다. 유치원생과 초등학생은 삶과 앎이 잘 구별되지 않는다. 생활 속에서 배움의 소재를 가져와야 흥미를 갖고 학습할 수 있다. 반면 중, 고등학생은 교과를 통한 배움이 가능하다. 예를 들어 중·고등학교에서 미국을 주제로 공부한다면 굳이 미국을 다녀오지 않아도 학생들은 학습이 가능하다는 말이다. 그런 발달단계의 차이로 학교급에 따라서 과정 중심이냐, 결과 중심이냐는 강조하는 차이가 있다. 이로 인해 학교급마다 서로 다른 교수학습의 방법을 택하게 된다.

과정과 결과는 학교급에 따라서 강조하는 비중이 차이가 있다는 사실을 잘 알고 있어야 교육혁신을 하자는 말에 대한 이해가 가능하다. 이는 교육 방법이 다른 학교급에서 각각 다르게 반응해야 한다는 말이다.

2. 혁신학교 VS 교육혁신

혁신학교 말고 교육혁신을 하자

교육혁신은 교육 본질의 회복이 우선이다. 앞서 교육혁신은 재건축이 아닌 리모델링의 개념으로 접근할 필요가 있다고 말했다. 이성과 합리가 바탕이 된 진보를 이루어 나아가야 혁신을 온전히 이룰 수 있다.

교육을 혁신하자는 주장은 우리나라에서 대안교육, 열린교육, 오늘날 혁신학교와 이제는 마을교육공동체까지 이어져 온다. 하지만 실상 그 중심의 맥락은 같다. 교육철학 사조로 보면 결국 아동 중심 또는 학문 중심에서 무엇을 중요시할 것인가와 맞닿아 있다. 그런데 문제는 한국에서는 늘 학문 중심이 항상 우위를 점해 왔다는 것이다. 교육계 문제가 아니라 뿌리 깊은 우리네 정서가 그렇다. 기껏 역량교육을 학교에서 시켜도 결국 대학입시나 기업체, 관공서가 점수로 서열화하며 학벌을 선발의 기준으로 삼는 한 교육의 혁신은 요원해 보인다. 그중에 그나마 가장 발 빠르게 변화하는 것이 기업이다. 당장 피 말리는 세계 경쟁 속에서 이

교육의 바른길, 우리 함께 갑시다

윤을 내야 하는 기업은 학벌만 좋은 역량이 부족한 사람보다 자신의 역량을 충분히 발휘할 수 있는 사람을 우선으로 채용한다.

이에 따라 학교도 시대 흐름에 발맞추어 미래를 대비하는 역량을 키우는 교육으로 바뀌어야 한다. 따라서 교육혁신은 미래로 가는 이 모든 시대적 요구와 당위성으로부터 필요한 과제이다.

하지만 문제는 여전히 우리 사회에 만연한 정서이다. 우리는 학벌에 대한 환상을 버리기 어렵다. 혁신이 성공하기 위해서는 교육의 발목을 잡는 덫을 제거해야 나아갈 수 있다. 학교는 혁신하고 수업 방식을 완전히 바꾸어서 새로운 방향으로 나아가고자 한다. 하지만 방과후에 여전히 학원에서 예전 방식의 수업을 한다면 아이들은 불행할 수밖에 없다. 소위 밑 빠진 독에 물 붓기가 된다. 사교육과 사회 제도를 언급하지 않고 한국의 교육혁신의 성과를 예측하기 힘들다.

다소 과격해도 다음과 같은 방식으로 제도를 바꾸면 어떨까? 고등학교는 상대평가를 버리고 절대평가를 기준으로 졸업고사나 내신을 통해 일정 수준 이상의 학생을 졸업시킨다. 그 옛날 예비고사처럼 말이다. 대학은 입학을 쉽게 하도록 한다. 대학 재학 중에는 자유로운 전과나 편입을 허용하고 철저한 졸업정원제를 유지한다. 가령 입학시험은 생략하고 추첨제로 한다. 제비뽑기를 하자는 말이다. 이 정도 파격은 나와야 이 나라 교육이 정상을 되찾지 않을까 싶다. 설마 '제비뽑기 비법 공개'와 같은 학원이 생길까?

대학은 전국의 국공립대학을 서울대와 같은 수준으로 올리든지 아니면 초등교육처럼 대학교수도 순환 근무시키든지 해서 전국적인 상향평준화를 가져와야 한다. 어떤 식으로든 지금의 고질적인 교육의 고통을 바꾸어서 궁극적으로 우리 아이들이 행복하다고 말했으면 좋겠기에 던지는 말이다. 오늘날 학생들이 불행하게 느끼는 교육의 고통이 제거되지 않고서는 희망이 없는 사회로 갈 수밖에 없다.

오늘날 우리 사회 교육의 고통은 다음과 같다. 우선 학원은 공부시키고, 학교는 놀고 졸업장만 받는다는 인식이 깊어지고 있다. 그러다 보니 가진 사람은 학원을 보낼 수 있고, 못 가진 사람은 교육을 통한 계층 상승이 점점 어려워지는 사회로 간다. 그렇다고 우리가 투자하지 않는 것도 아니다. 엄청난 교육 재원을 쏟아붓고 있는데 공교육이 제구실을 못한다.

그 사이에서 시대착오적인 학원 교육에 시달리는 아이들은 학교와 학원 사이에서 혼란이 가중되고 있다. 결국 학습 노동에 허우적댄다. 자신의 재능을 못 찾고 아이들은 성적이라는 하나의 잣대로 스스로에 대한 자신감을 잃고 있다. 한마디로 인적 자원과 재능을 낭비하는 무기력한 사회가 되는 것이다.

오늘날을 보면 아이들은 점점 힘들어지고 있다. 요즘 고등학교를 보면 1학년 입학하기도 전부터 반 배치고사라는 것을 보고, 그 배치고사를 통해서 학생들을 우열반으로 편성한다. 우열반이 어떠한 교육적 효과가

교육의 바른길, 우리 함께 갑시다

있는지 어떠한 교육학적인 측면에서 바람직한지도 모르는데 이미 성행하고 있다.

지금은 의사가 되어 있는 한 친구가 있는데, 그 친구는 고등학교 1학년 성적이 꼴찌에 가까웠다. 그런데 고등학교에 다니면서 공부에 취미를 붙이기 시작해서 고등학교 3학년이 되던 해는 성적이 상위권에 접어들었고, 결국 본인이 원하는 대학에 진학했다.

예전에는 이와 같은 일들이 학교에 다니면서 많이 이루어졌지만, 오늘날 고등학교도 그런지 의문이다. 왜냐하면 교육학에서 나오는 낙인효과처럼 1학년 시작부터 너는 우수반, 너는 열등반이라고 갈라놓는다. 그 교실에 들어서는 선생님들이 어떠한 기대감으로 아이들을 대할 수 있을까 싶다. 결국 시작부터 출발선을 다르게 가져간다는 생각을 지울 수 없다.

인생을 살다 보면 달릴 때도 쉴 때도 있어야 한다. 학창 시절은 졸업과 입학이 그런 짬을 준다. 졸업을 앞두고 겨울방학에 좀 쉴 수도 있다. 그런 쉬는 시간을 통해서 여러 가지 경험을 쌓게 하는 것이 인생에 있어서 큰 도움을 줄 수 있다. 그러나 우리나라 교육 현장에서 학생들에게 그러한 쉼을 허락하지 않는다. 방학을 교육의 연장선상에서 아니 더욱 몰아쳐서 미리 선행학습을 하도록 사교육이 극성을 부리게 한다. 그 대표적인 사례가 입학부터 시작되는 반 배치고사가 아니겠는가?

배치고사를 가지고 수준별 학습이라는 명목으로 우수반과 열등반으로 나누어서 첫 출발부터 구분 지어 놓는 것이 과연 옳기만 한지 생각해 볼 일이다. 잘못된 낙인효과가 생기는 것을 막기 위해서도 처음 몇 달은 지켜보아야 한다. 입시라는 커다란 과제 앞에 느긋하게 학생의 성장을 지켜볼 여유가 없이 조급한 마음만 가득하다. 중학교 자유학기제가 본래의 목적을 상실하고 학원만 돈 버는 제도로 변질하는 것을 사회가 그대로 내버려 두어서 될 일인가.

그러나 중, 고등학교의 모순된 학사 운영을 의식 있는 몇몇 교사들이 바꿀 수 있는 것이 아니다. 그 열쇠는 결국 학부모들이 쥐고 있다. 교장도, 교육감도 못 한다. 교육부 장관도 못 하고, 대통령도 못 한다. 왜냐면 대통령이나 교육감은 국민의 지지를 받아 뽑히는 선출직이다. 교장도 장관도 그러한 선출직으로 된 대통령과 교육감이 임명한다. 선출직은 국민의 여론에서 벗어날 수 없다. 결국 여론을 쥐고 있는 국민, 즉 학부모 한 사람 한 사람이 그 열쇠를 쥐고 있는 것이다. 국민의 의식이 바뀌어야 교육을 바꿀 수 있다.

오늘날은 학교 운영을 민주적으로 하기 위해 학교운영위원회와 학부모 총회를 구성하여 운영한다. 학부모들의 의견이 중요한 결정의 구조를 가지는 체제가 되고 있다.

또한 교육감은 공교육 틀 속에서만, 그것도 초중등학교에만 영향력을 행사하기 때문에 진짜 우리 사회 문제인 대학 교육이나 사회 제도, 그리고 사교육에 대해서는 아무 힘도 없다. 그러니 교육감의 급진적인 혁신 정책과 사회의 현실이 부딪혀서 교육 현장에는 잡음만 요란하다.

교육은 교사의 질을 능가할 수 없다는 오래된 명제처럼

교육 주체의 본질은 교원이다. 교원이 행복해야 교실에서 학생들에게 행복을 전달해 줄 수 있다. 그런데 단순히 교원의 업무를 줄여 주어 그들이 편하게 일한다고 교원이 행복해지는 것은 아니다. 오히려 교육에서 얻는 성취감이 더 보람과 행복을 줄 수 있다. 단순하게 업무를 줄여서 편안함만을 주겠다고 해서 얻는 인기가 바로 대중영합주의이다. 물론 진보 교육감들이 인기에 영합하고 표나 얻자는 식의 생각을 했을 리는 없다. 자신들의 판단과 정책이 교육에 도움이 된다는 올바른 방향이었다고 믿었을 것이다. 그런데 결과가 그렇게 나오지 않았다. 진보와 보수가 조화를 이루어야 하는 이유가 바로 여기에 있다. 다양한 방법과 과정이 필요하기 때문이다. 일방적이고 편향적인 철학과 방법이 이런 부작용을 낳을 수 있다.

본질적으로 변화하기 두려워하는 선생님들도 분명히 계신다. 우연히 아주 젊은 중학교 선생님의 수학 수업을 참관할 기회가 있었다. 그 선생님의 수업을 보는데 내가 30년도 훨씬 전에 배웠던 옛날 나이 드신 선생님의 수업 모습이 그대로 떠올랐다. 나는 그날 엄청난 충격을 받았다. 젊은 선생님이라 많은 기대를 하고 갔었다. 그런데 교수학습 방법이 30년 전의 강의식 수업과 전혀 다르지 않았다. 칠판을 네 등분 하더니 혼자서 열심히 수학 문제 적고 말도 없이 그냥 문제를 풀어대고 있었다. 심지어 아이들은 열심히 문제풀이 과정을 받아 적었다. 21세기 교실에서 그것을 소위 공개 연구수업이라고 하고 계셨다. 도대체 수업이 왜 이렇게 변하지 않을까?

굳이 말하자면 교사 양성과정부터 문제가 아닌가 싶다. 교대와 사대로 나뉜 대학교에서 교수님들 대부분이 교수학습 방법 전공보다는 내용학 전공자가 대부분이다. 그러다 보니 예비 교사들이 수업 방법론에 관해서 연구하고 공부할 기회보다는 전문적인 학문 내용에만 집중할 수밖에 없는 구조이다. 그렇게 교수학습 방법론에 익숙하지 못한 채, 대학에서 제대로 배우지 못한 선생님들이 교사가 되면 옛날 자신이 공부했을 때 가르쳤던 선생님의 가르치는 모습이나 학원에서 강사가 가르치던 모습을 은연중에 답습한다. 교사 양성제도는 교생 실습 기간부터 획기적으로 늘려서 예비 선생님들이 수업 방법 연구에 매진하도록 해야 한다. 교사의 질에 교육이 달려있다는 것은 빈말이 아니다. 선생님이 제대로 한 번만 가르쳐도 달라지는 아이들의 변화는 놀랍기 때문이다.

그런데 근본적으로 변화를 두려워하는 이들이 혁신을 거부한다. 그렇다 하더라도 서서히 교실 속에서 수업의 모습은 아동의 행복과 역량을 키울 수 있는 모습으로 바뀌어야 한다. 이것이 교육혁신의 본질이 되어야 한다. 혁신이 더디다고 관 주도로 외관과 형식만 바꾸고, 학교 운영을 민주주의로 하는 조직 문화 개선에만 치우치다 보면 자칫 혁신의 본질,

교육의 본질을 또다시 놓치는 우를 범할 수 있다.

그런데 이제는 더 이상의 실수와 주저함을 참을 수 있는 시기가 아니다. 세상은 가파르게 변하고 있고, 오직 인재만이 자원인 우리나라는 지금 교육에서 실패하면 미래에는 돌이킬 수 없는 결과를 가져올 것이다. 더 이상 이 땅의 아이들이 교육으로 힘겨워하는 것이 아닌 교육을 통해 미래를 소망할 수 있는 세상이 왔으면 좋겠다.

혁신학교 vs 학교혁신

세상의 변화는 지금까지와는 전혀 다르다. 미래의 모습을 예측하기 몹시 힘들다. 앞으로 닥칠 미래에 한국 교육이 과거의 구태를 답습했다가는 우리나라가 도태되는 일이 일어날 수 있다. 미래가 불확실할수록 우리는 정신을 바짝 차리고 혁신에 박차를 가해야 한다. 오해를 불러오기에 교육에 대해서 진보나 보수와 같은 용어를 쓰는 것을 경계하지만, 굳이 말하자면 교육의 내용은 보수적이되 방법은 가장 진보적으로 이루어져야 한다. 따라서 내용은 핵심으로 들어가서 아주 간결하고 적은 양이어야 하고, 방법은 풍성하고 다양한 모습으로 이루어져야 한다. 그래야 미래사회가 요구하는 창의성 있는 인재를 이루어낼 수 있지 않겠는가? 그래서 틀에 박힌 사고를 하지 말아야 한다.

그러나 수단에 집중하다 본질을 놓쳐서는 안 된다. 교실 속에서 수업 모습이 달라져야 하며, 혁신의 본질은 결국 아이들에게 교육 경험이 유의미하게 다가가야 하는 것이다.

그것을 위해 학교를 혁신하자는 것인데 마치 혁신학교는 학교 문화를 바꾸고 학교의 의사 결정을 교사와 학부모, 학생의 교육공동체가 민주적으로 운영하는 것이 전부인 것처럼 여겨져서는 안 된다. 차라리 권력 주도적으로 하지 않고 이러한 변화가 아래에서 위로 전개되면 나았을 수 있겠다.

하지만 교육 권력이 기관의 힘으로 밀어붙이는 정책이 추진되면서 오히려 현장에서 반드시 이루어져야 할 교육혁신이 한때 유행처럼 지나가는 것은 아닌지 우려의 목소리가 높아지고 있다. 이미 도시권에서 혁신학교 지정을 반대하는 부모들의 집단적인 저항이 있다. 학부모들은 혁신학교가 기초 학력을 떨어뜨린다고 믿기 시작했다.

그러나 선진국의 학업성취에 관한 연구 결과에 의하면 프로젝트 학습이나 아동 중심의 자율적인 학습이 실제로 더 성취도가 높다고 한다. 수업의 모습이 바뀐다는 혁신은 더 즐겁고 행복한 교육을 통해서도 얼마든지 학업성취가 이루어질 수 있고 이론적으로는 더 나은 성취를 이룬다는 가정과 믿음에서 출발한다. 그러나 혁신학교가 그 반대의 모습으로 비치는 것은 혁신의 본질을 왜곡하는 데서 기인하는 현상이라고 본다.

교육의 바른길, 우리 함께 갑시다

이는 과정에 치중하느라 결과를 잘 도출하지 못했기 때문이다. 과정은 결과를 끌어내야 한다. 과정 중심 수업으로 끝내서는 안 된다. 반드시 결과를 도출해야 한다. 결국 제대로 수업 혁신을 이루지 못했다는 말이다. 과정과 결과의 상관관계와 상호작용을 잘 이해하고 혁신을 이끌어야 한다는 말이다.

마치 학원에 문제점이 많다고 지적해서 무조건 학원을 그만두라는 제안이 아닌 것과 마찬가지다. 학원도 필요에 따라서 그리고, 유용한 방법으로 적절하게 활용할 필요가 있다. 마찬가지로 학생의 발달에 맞추어 시기적절하게 공부를 해야 하는 것처럼 학교도 유연하게 변화해야 한다. 이것이 과도기에 놓인 우리나라 교육 현실이 풀어야 할 과제이다.

혁신학교는 공정하지도 않고, 오개념을 낳고 있다

일부 지정된 특정한 자율학교들을 지칭할 때 혁신학교라는 말이 반드시 들어간다. 나는 이 말에 심한 거부감을 가진다. 왜냐하면 우리 교육은 지금 반드시 변혁이 필요한 상태인데 마치 전체가 아닌 일부의 학교만 혁신하는 느낌이 들기 때문이다. 다시 말해 모든 학교가 혁신학교처럼 바뀌어야만 하는데 왜 일부 학교만을 혁신학교라고 해서 전체 학교의 교육 혁신을 미루고 있느냐는 말이다.

과거 열린교육의 실패처럼 혁신교육이 실패할까 두렵다. 이미 그런 전조가 보인다. 교육의 변화를 바르게 이루기 위해서는 반드시 과거의 실패를 바르게 분석하고 대안을 제시해야 한다. 사실 통합교육 이론에 의하면 프로젝트 학습은 학력이 뛰어나게 된다는 게 정설인데 왜 유독 우리나라에서는 그 효과를 발휘하지 못하는가? 교사들이 교수학습 방법론을 잘 몰라서 그럴까? 여기에는 한국의 교육 혁신에 동조하지 않는 학원교육과 입시제도가 있다. 학원이 지금처럼 공교육에 고춧가루를 뿌리고 재를 뿌리는 한 교육 혁신을 성공하기 매우 어렵다. 사회 전반적으로 입시제도의 변화와 함께 이 문제를 고민할 필요가 있다.

과거에는 그런 혁신이 필요할 때 연구주제를 정하고 연구학교를 운영해서 성과물을 검토하여 다른 학교에 일반화시켰다. 그런데 혁신학교는 결국 학교 교육과정 운영에 대한 연구학교와 비슷한 개념이다. 기껏 교사 업무 경감 차원에서 연구학교 다 없애더니 다른 연구학교를 만든 것이다. 하나씩 하나씩 일반화시킬 수 있는 이론적 준비 없이 밀어붙이고 서둘렀다는 느낌이 든다.

많은 선생님이 생각보다 보수적이라는 사실을 염두에 두지 않고 정책으로 밀어붙이니 거부감이 들며 새로운 업무로 느껴진다. 교육 본질과 사회 구조의 문제를 통찰하고 점진적으로 진행해야 한다. 학부모, 교사, 학생 공동체를 대상으로 교육하고 노력해야 하는 것도 좋은데, 문제는 사교육과 사회 제도와 국민 의식이 함께 동의하지 않고는 교육 혁신이 요원하다는 것이다. 뿌리 깊은 학벌주의와 사교육의 욕망이 있는 한 쉽게 합의되지 않기 때문이다.

교육의 바른길, 우리 함께 갑시다

Ⅱ.   학생 수능성적 전국 꼴찌!

1. 문제는 대학입시다

조국의 시간이 돌려놓은 교육의 시간

  2019년 조국 전 법무부 장관의 임명을 위한 청문회 당시 세상은 가히 조국 사태라 부를 만했다. 2년이 지난 2021년 조국 전 장관은 '조국의 시간'이라는 책을 내놓았다. 이전까지 언론을 통한 보도만을 보았다면, 이 책을 통해서 본인의 생각까지 양쪽의 입장을 다 들었으니 일반인으로는 어느 정도 객관적인 시각을 갖출 수 있었을 것으로 생각한다. 그러나 나는 여기서 어떠한 정치적 주장을 나타내는 이야기를 하고 싶지 않다.

  사람은 때로는 자신이 보고 싶은 것만 보고, 듣고 싶은 것만 듣는 아집을 부릴 때가 있다. 그럴 때면 아무리 객관적이고 이론적인 사실을 논거로 삼아도 도통 이해하려 들지 않는다. 나는 조국 전 장관과 관련한 일련의 사태를 보면서 우리 사회가 분열되고 서로에게 아집을 부리는 듯한 느낌을 많이 받았다. 다만 그 사태로 일반 대중들에게 새롭게 각인된 사실이 하나 있다. 바로 대학이나 대학원 입시에서 소위 수시 전형이라는 것이 타당한가에 대한 의문점을 갖기 시작했다는 점이다. 누군가 의도했던 그렇지 않던 우리 사회에 이미 일어나고만 이 현상은 유감스럽게도 교육의 시간을 과거로 돌려놓고 말았다. 나는 그 점에 주목해서 불행히도 조국의 시간이 교육의 시간을 돌려놓았다고 이야기하고 싶을 뿐이다.

교육이라는 것은 목표, 내용, 방법, 평가가 일관성 있게 진행되어야 한다. 교육의 큰 목표가 미래를 대비한 인재를 기르기 위해 핵심 역량을 기르는 것으로 방향이 정해지고, 이에 필요한 내용을 갖추게 되었다. 그다음으로 역량을 기르기 위한 과정을 중심으로 하는 교수·학습 방법을 택했다면 마지막 평가 역시 과정 중심의 평가가 이루어져야 한다. 유치원부터 시작해서 초·중·고를 거치는 15년의 학교 교육은 결국 자신의 진로에 결정적인 영향을 미치는 대학입시를 치르면서 결말로 향하는 듯이 보인다. 따라서 이러한 대학입시의 평가 제도가 교육의 목표, 내용, 방법과 일치하는 과정 중심의 평가로 가야 한다.

소위 입학사정관제도를 시작으로 한 수시 전형이 그러한 교육 개혁의 시작이었다. 교육은 개혁을 넘어서서 혁신을 부르짖으며 내용과 방법을 전환하기 위해서 몸부림치고 있는데, 어느 날 갑자기 수시 전형이 공정하지 못하다는 프레임에 갇혀서 심각한 고려 없이 정치적인 입장에 의해 다시 정시 확대라는 방향으로 돌려세워졌다. 수시 전형이 문제가 있었다면 개선하는 방향을 정해야 하고, 그런 노력이 계속되다 보면 언젠가는 정착될 수도 있다. 그런데 방향 자체가 틀어지면서 교육은 일대 혼란을 겪게 되었다. 평가가 교육의 내용과 방법을 좌우하기 때문이다.

심각한 학력 저하

지금 당장은 대한민국의 교육혁신이 완성형이 아니다. 제도적으로 수능시험도 엄연히 존재하고, 선발과 경쟁으로 대학 입학을 결정하는 현재의 모습도 분명히 대비해야 한다. 우리 아이들이 미래를 준비하기 위해서는 지금의 입학도 중요한 일이다.

지난 2018년 진보 교육감들은 한목소리로 한 아이도 포기하지 않겠다는 구호를 외쳤는데 도대체 아이의 무엇을 포기하지 않겠다는 것인지 명확히 할 필요가 있다. 현실은 진보 교육감들이 집권한 지역의 모든 아이가 낮은 학력으로 자신의 꿈을 잃어가고 있다.

기초 학력이 바탕이 되어야 대학도 가고, 취직도 한다. 그래야 미래를 꿈꿀 수 있다. 우리 아이들이 다시 꿈꿀 수 있도록 실력을 회복하고, 열심히 공부할 수 있는 문화를 만들어야 한다.

다음 자료는 해마다 한국교육과정평가원에서 대학수학능력시험 성적 분석 결과 발표 보도자료에서 밝힌 내용이다. 시도별로 성적을 발표하고 있다. 가장 먼저 지금으로부터 10년 전, 그러니까 교육감 직선제 이전에 광주와 전남 지역의 학생들 수능성적부터 살펴보자.

2011학년도 대학수학능력시험 성적 시도별 표준점수 평균

시도	언어	수리가	수리나
	평균	평균	평균
서울	100.0	101.7	100.1
부산	102.7	102.6	102.3
대구	102.5	101.2	101.6
인천	98.4	98.9	96.5
광주	104.3 (2위)	105.1 (2위)	104.4 (2위)
대전	101.0	97.3	98.0
울산	98.8	103.1	99.3
경기	99.8	102.5	98.4
강원	101.8	99.4	101.4
충북	101.9	96.3	99.7
충남	99.7	95.5	98.6
전북	102.7	93.8	102.0
전남	99.5 (13위)	97.2 (11위)	99.0 (12위)
경북	100.4	96.8	100.1
경남	99.1	97.1	99.2
제주	105.3	106.9	106.1
전체	100.5	100.1	99.7

광주의 경우 전국에서 2위이고, 7개 광역시 가운데서는 1등이다. 전남은 전국에서 12위 정도이다. 2010년 교육감 직선제로 진보 성향의 교육감들이 대거 교육의 수장으로 선출되었다. 광주는 특정노조 지부장 출

신의 교육감이, 전남은 특정노조가 주축이 되어 선거운동을 펼친 진보
성향의 교육감이 당선되었다. 그리고 국민의 지지 속에 진보 성향의 교
육감들이 도입했던 혁신학교 정책들을 추진한 지 7년 만에 광주와 전남
의 학생들이 거둔 수능성적을 다시 보자.

2018학년도 대학수학능력시험 성적 시도별 표준점수 평균

시도	국어	수학가	수학나
	평균	평균	평균
서울	100.4	102.6	100.2
부산	98.4	100.9	99.6
대구	101.0	101.6	101.6
인천	95.7	95.6	98.2
광주	99.6 (4위)	101.6 (4위)	100.7 (4위)
대전	98.0	98.5	97.2
울산	96.3	100.6	99.8
경기	97.0	98.6	98.1
강원	94.7	92.6	96.6
충북	97.7	93.4	99.5
충남	96.0	91.3	98.1
전북	97.8	93.3	98.0
전남	94.8 (16위)	89.5 (17위)	96.9 (16위)
경북	96.7	93.8	98.4
경남	95.2	93.6	98.3

교육의 바른길, 우리 함께 갑시다

제주	102.3	105.9	104.9
세종	96.7	90.1	98.0
전체	97.8	98.0	98.9

2019학년도 대학수학능력시험 성적 시도별 표준점수 평균

시도	국어	수학가	수학나
	평균	평균	평균
서울	100.9	102.9	100.7
부산	98.3	99.7	99.6
대구	100.4	100.4	100.8
인천	95.7	95.1	98.1
광주	99.2 (4위)	100.7 (4위)	100.4 (4위)
대전	97.5	97.8	97.4
울산	96.1	101.1	99.9
경기	96.9	98.0	98.2
강원	93.6	90.4	95.8
충북	97.3	92.3	99.0
충남	95.4	92.4	96.9
전북	97.7	91.6	98.3
전남	94.7 (16위)	89.4 (17위)	96.4 (16위)
경북	96.7	92.6	98.3
경남	94.8	93.7	98.3
제주	100.9	104.4	103.0

세종	97.1	91.6	98.3
전체	97.7	97.5	98.9

2020학년도 대학수학능력시험 성적 시도별 표준점수 평균

시도	국어	수학가	수학나
	평균	평균	평균
서울	100.9	103.4	101.2
부산	97.8	99.3	99.6
대구	99.6	99.6	100.2
인천	95.2	93.8	98.0
광주	97.9 (4위)	98.5 (5위)	99.2 (4위)
대전	96.3	94.5	96.5
울산	95.4	98.3	99.1
경기	97.0	98.5	98.5
강원	92.7	89.6	95.3
충북	96.1	89.7	97.1
충남	94.2	89.7	95.7
전북	96.5	91.2	97.4
전남	93.9 (15위)	88.9 (17위)	96.2 (14위)
경북	94.9	91.0	96.7
경남	93.7	93.9	97.9
제주	99.6	104.0	101.4
세종	96.0	91.3	95.9
전체	97.1	96.8	98.6

교육의 바른길, 우리 함께 갑시다

유감스럽게도 광주와 전남의 학생들 성적이 모두 2010년과 비교해서 많이 하락한 것을 확인할 수 있다. 전남의 경우 평균 점수의 하락이 지속되고 있는 것을 다음 그래프에서 확인할 수 있다.

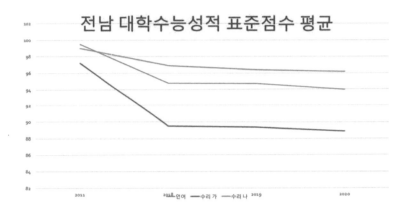

전남 대학수능성적 표준점수 평균

2009년 김상곤 경기도 교육감이 당선된 이후 혁신학교가 붐을 이루고 도입되었다. 그리고 지난 2018년 지방자치 선거에서는 17개 시도 중에 14개 시도가 소위 진보교육감으로 분류되는 인사들이 당선되었다. 그중에서 지난 12년 내내 진보교육감으로 불리는 인사가 당선되어 혁신학교 정책을 계속해서 추진한 지역의 대학수학능력시험 성적 하락이 특히 눈에 띈다. 광역시에서 1, 2위를 다투던 광주는 4위권으로 떨어졌고, 도단위에서 강원도 같은 경우는 2011년 광역시에도 뒤떨어지지 않았던 성적인데 2020년 전국 꼴찌의 성적을 기록하고 있다.

중요한 지적을 하나 더 하자면 시도별 성적뿐 아니라 대한민국 전체 평균 점수가 지난 11년 만에 엄청난 하락을 하고 있다는 것이다. 2011년 100.5점이던 국어 전체 평균은 2020년 97.1점으로, 100.1점이던 수리 가는 96.8점으로, 99.7점이던 수리 나는 98.6점으로 각각 하락하였다.

대한민국 학생들의 전반적인 성적이 추락하고 있다. 그리고 그 추락은 전남도 예외가 아니다. 야심 차게 추진했던 혁신학교 8년만인 지난 2018 학년도 성적은 전국 꼴찌였고, 그 이후에도 전국 최하위권을 면치 못하고 있다. 이것은 교육혁신과 혁신학교에 대한 이해 부족이고 도대체 무엇을 혁신해야 하는지 확실한 방향을 설정하지 못한 지도자들의 지식과 철학의 부족이 하나의 원인이 될 수 있다.

이렇게 혁신학교가 학부모들과 국민에게 학력을 저하하는 학교라는 인상을 심어 준다면 교육혁신을 이루어야 할 시대적 과제를 국민이 외면하는 잘못을 가져오게 된다.

2. 잿밥에만 공들이는 정책들

혁신이라는 이름의 허상

교사가 스스로 노동자의 지위를 확보하면서 처우는 개선되었지만, 교권은 예전과 달라졌다. 내가 교육대학을 다녔던 때만 해도 교직에 대한 의견은 우리 시대 교직이 성직이냐 전문직이냐에 대한 논란이 있었던 때다. 적어도 과거에 선생님들은 자신의 월급을 사용해 가며 시간을 들여서 남은 아이들을 가르치고 보충했다. 그러나 교직에 노동직의 개념이 들어오면서 교사들의 행동 양식이 바뀌는 신선한 기억이 있다. 개념은 행동을 바꾸는 것을 경험하게 했다. 지금은 노동의 대가를 받지 않고는 더 이상 움직이지 않는 선생님들의 모습을 보았다. 이제 수당이 없으면 보충수업도 없다.

이처럼 교육에서도 혁신이라는 이름의 무분별한 실험적 정책들이 아이들에게 전달되는 것에 심히 우려를 표한다. 교육에 진보와 보수가 있어서는 안 되겠지만 나에게 굳이 선택하라고 한다면 교육은 보수적일 필요가 있다. 왜냐하면 그 대상이 누구에게나 가장 소중한 아이들이기 때문이다. 내 아이를 대상으로 검증이 확실히 이루어지지 않은 정책적 실험을 한다는 데 동의할 수 있는 사람이 얼마나 될까?

나는 이것이 무늬만 진보로 포장한 진보 집단의 기만술이라고 본다. 그런데 왜 우리 국민은 진보적 교육 정권에 표를 줄까? 교육이 혁신을 이루면, 우리 아이들이 무한 경쟁에서 벗어나서 더욱 자유롭고 행복한 교육을 받을 수 있을 것이라는 기대를 했기 때문이 아니겠는가? 그런데 진보 집단의 지도자들을 기만이라고 이야기하는 것은 가장 민주적이고 원칙적으로 이루어져 할 교육행정을 실험적이고 아마추어적인 비전문가에게 맡기는 행태에서 참을 수 없는 분노를 느끼기 때문이다. 오랜 시간 교육행정은 함부로 고칠 수 없는 교육행정 제도를 구축하고 승진과 서열을 정해 경험과 전문성을 닦을 수 있는 장치들을 해 놓았다. 이것이 문제가 있다면 고쳐가야 할 일이지 혁신이라는 이름으로 파괴하는 것이 옳지 않다고 생각한다.

25년 이상 경력과 각종 연구와 노력으로 이루어지는 승진 체계를 하루아침에 무력화시켜 놓고 마치 진보적이고 자유적인 방식이 옳은 것처럼 집단 지성을 마비시켜 놓는 것을 보면서 나는 두렵기까지 하다.

나는 전국적인 네트워크가 두 개가 있다. 하나는 교육전문직 연수동기생들 모임인데 10여 년 이상 전국을 돌면서 모임을 한다. 다른 하나는 교장 자격 연수동기생들 모임이다. 이것도 전국 각지의 학교를 방문하면서 모임을 한다. 그러다 보니 타 시도의 현황을 전해 들을 수 있다. 우리나라가 작은 것 같으면서도 교육이라는 한 분야에서도 지역적으로 많은 차이점이 있다. 반면에 하나의 좋은 아이디어는 유행처럼 번져서 각 시도가 다 같이 따라 하는 것을 알 수 있다. 교육자치를 한다고 하지만 여전히 교육부 중심의 중앙집권적 통제도 있고, 교육감협의회를 통해서 정보가 오가는 것이다.

예전에는 전남에서 새로운 정책적 아이디어를 내고, 그것이 전국에 통용되는 사례가 많았다. 아무래도 전남은 대도시부터 도서벽지까지의 학교 유형을 모두 가진 전국단위의 모델처럼 지역 구성이 되어 있기도 하고, 열악한 환경에서 나오는 치열한 고민이 있기에 그런 흔적이 엿보일 수밖에 없었다. 그런데 지금은 그런 주도적인 모습은 사라졌다. 대신 모방과 베끼기에 여념이 없다. 새로운 정책이다 싶어 내놓지만 전부 경기도나 전라북도의 아이디어를 그대로 가져다가 각색해서 발표하기에 여념이 없다. 나는 전국적인 모임을 통해서 그런 현상을 직시할 수 있었다. 왜 그런 현상이 생길까?

그것 역시 인사정책의 실패에서 기인한다. 예전에는 정책을 연구하고 집행하는 전문직을 선발하는 시스템에 의해 엄선해서 뽑힌 인재들이 지역청부터 훈련과 검증을 통해 상위직으로 나아갈수록 인재로 만들어질 수밖에 없었다. 사람도 담금질로 예리한 칼날이 되어 가는 것이다. 그런데 혁신이라는 명목으로 교사를 아무런 연수도 훈련도 없이 바로 정책 수립의 최상위 자리에 배치해 놓았다.

그들이 갑자기 교육 권력을 등에 업고 마치 점령군처럼 한 도의 교육청에 자리 잡고 앉아서는 실험적인 아이디어를 정책으로 쏟아 놓으니 행정이 우왕좌왕할 수밖에 없다. 법령을 모르니 자신들의 아이디어처럼 내놓은 정책들이 현행법과 맞지 않거나 전남의 여러 가지 상황이 고려되지 않아서 현장은 혼란을 겪는다. 교육부나 전국단위 모임에서 들은 괜찮다 싶은 아이디어를 전남의 특수성을 고려하지 않은 채 시행하라고 뿌려놓는다. 지방자치의 근본적인 시행 이유를 무시하는 행위이다.

혁신기획단이 행정 경험이 풍부한 사람들로 채워져야 하는데 정반대로 채워져서 나온 현상이다. 그나마 일부 행정 경험을 가진 사람들도 초기에 그런 식으로 발탁되어 쌓은 행정 경험이라 더 오만하고 위험한 사고 속에 있는 사람들이다.

교육감은 본인이 모든 것을 알 필요는 없다. 알 수도 없다. 그러나 그런 모든 것을 각각 분야별로 잘 알고 있는 전문성을 가진 사람들을 업무의 특수성에 맞추어서 편견 없이 자리에 앉혀야 한다. 전문가들로 교육감의 업무 행정 분야를 보완해야 한다. 그래야 교육감이 모든 것을 착오 없이 수행해 낼 수 있는 준비가 이루어질 수 있기 때문이다. 이것이 실은 인사권을 가진 인사권자의 가장 필수적인 자질이다. 편견 없는 시각으로 사람을 바라보고 찾는 것 말이다.

별다른 검증도 없이 새학년 집중기간이라든지, 마을학교와 같은 정책들이 임기 초기에 마구 내려왔다. 충분한 고민 없이 도입하다 보니 현장은 혼란스러울 수밖에 없다. 전남은 도서벽지 배치와 가뜩이나 복잡한 인사제도로 인해서 전보 인사 발표 시기를 조금이라도 앞당기는 일이 큰 과제일 수밖에 없다. 왜냐면 인사라는 것이 교장 승인부터 시작된다. 위에서부터 자리가 정해져야 그 밑으로 교감, 전문직, 그리고 교사 인사의 빈자리가 결정된다. 그런데 그 교장 승인이 교육부에서부터 정해지니 미리 시행할 수가 없다. 하루라도 앞당길라치면 인사팀의 장학사들은 업무의 과부하가 걸린다. 그것도 혼자 밤을 새워 처리하는 일이라 한계가 있다.

그런데 그런 것을 고려하지 않고 시기를 앞당기라 하니 곳곳에서 문제가 터진다. 인사 발표가 빨리 이루어지지 않으면 새학년 준비가 의미가 없다. 그러니 그런 가벼워 보이는 정책 하나도 실은 고려할 것이 한둘이 아니다. 그런데 취임하자마자 경기도에서 준비해 온 정책 몇 개를 가져다가 전남에 뿌려대니 우왕좌왕할 수밖에 없다.

마을학교도 그렇다. 전국적으로 성공 모델 뒤에는 우선 보이지 않는 헌신자가 있었고, 일반행정가나 교육행정가의 협력이 가장 중요한 요인으로 도시에는 이루어질 수 있는 구조가 있었다. 가장 중요하게는 일반인 중에서 교육을 할 수 있는 능력을 갖춘 풍부한 인적 자원이 도시에는 갖추어져 있다. 그런 환경을 고려하지 않은 채 마을 학교를 전남에 가져오니 우리 아이들을 어설픈 프로그램들에 맡겨놓은 꼴이 되는 것이다. 결국 이 모든 어설픔의 피해를 우리의 아이들이 당하게 된다. 그동안 치열하게 쌓아놓은 전남의 전문성 있는 인사들을 배제한 결과를 현장에서 피부로 느끼게 되는 것이다.

결국 교육의 어떤 점만을 강조하는 편향된 철학이 계속되고 우리가 철학을 잘못 선택하면 학교를 온전히 망칠 수밖에 없는 결과를 초래하게 되는 것이다. 그러니 교육 리더십을 온전히 선택하기 위해서 신중에 신중을 기해야 하는 것이다.

전문적학습공동체

같은 정책이라도 바라보는 시각에 따라 전혀 다르다. 지금 전남의 교육정책은 전문적학습공동체를 교육공동체 질 향상에 크게 기여하는 정책으로 강하게 밀어붙이고 있다. 그렇다면 현장은 어떻게 달라졌을까? 교육공동체는 이러한 정책을 어떻게 바라볼까?

우리는 전통적으로 같은 학년을 담임한 교사들끼리 동학년협의회를 했었다. 소규모학교라면 교사협의회가 있었다. 같은 관심과 연구를 위해서 각종 교사 동아리 모임이 있었다. 일반직도 다르지 않다. 비슷한 동아리 모임을 하고 있었다. 학교 밖으로 나가면 교과연구회와 다양한 연구 모임이 있었다. 이러한 기존의 모임들과 전문적학습공동체의 차이점을 잘 모르겠다.

다른 점을 찾아보자면 기존의 모임들이 자발적인 형태라면 전문적학습공동체는 관 주도적인 모임이다. 자발적 모임이 회비와 같은 것을 스스로 부여한다면 전문적학습공동체는 교육청의 예산이 지급된다. 예산이 투입되니 더욱 활성화되는 듯 보일 수도 있고, 더욱 다양한 모임이 만들어지기도 한다. 그러나 효율성 면에서는 큰 차이가 나타난다. 스스로 회비를 내고 적극적으로 참여하는 모임의 질과 주어진 예산을 쓰기 위해서 운영되는 모임은 질적 차이가 존재한다. 결론적으로 예산 낭비의 대표적 사례라 할 수 있다.

학부모회

이것은 학교라는 하나의 조직을 운영하는 체제를 일원화시킬 것인가 아니면 다양화시킬 것인가에 관한 철학적 질문을 하는 것부터 정리가 되어야 할 것이다.

무슨 말이고 하니 한 조직의 지도 그룹이 다양화되는 것이 옳은지 하나의 일사불란한 지도 체제를 갖는 것이 더 나은지에 관한 생각을 물어보고자 하는 것이다.

공식화된 위원회가 있다. 그 위원회와 유사한 조직을 다시 만든다. 그리고 법적 권한을 부여한다. 그러면 어떤 조직의 의사를 따라야 하는가? 다양한 요구에 맞추어서 다양한 의사 결정 조직이 만들어지는 것에 대한 저항감이 생긴다.

국민의 뜻을 따라 국민의 대표로 선출된 국회가 있다. 국회는 교육위원회를 운영한다. 그리고 별도로 국가교육위원회를 두고 있다. 이 둘을 분리해서 운영하는 것과 하나로 통합해서 운영하는 것의 효율성을 어떻게 측정할 수 있을까? 역할을 분담하지만, 점점 중첩되는 역할을 어떻게 구분할 수 있을까?

단위 학교마다 학교 운영위원회가 있는데, 또다시 학부모회가 중요한 의사결정기구로 등장한다면, 그리고 거기에 또 교직원협의회가 의사 결정 기구로 정해진다면 학교의 운영은 어떤 식으로 전개될 것인가? 각각의 기구가 소통하고 합의하는 민주적인 방식이 절대적으로 요구될 것이다.

그런데 문제는 구성원의 요구가 대단히 다양하다는 것이다. 민주주의가 발달하면 할수록 개인의 요구에 대한 다양성이 확대되고 있다. 이럴 때 이 다양한 요구를 수용할 수 있는 행정적인 해결책이 도대체 무엇인가 하는 의문을 던지는 것이다. 왜 하나의 의사결정기구 안에서 토론과 합의를 이루려 하지 않고 자꾸 새로운 기구를 설립해가는 것인가?

그리고 그런 문제는 또 다른 왜곡을 낳는다. 예를 들어 학교운영위원회는 A안을 요구하고, 학부모회는 B안을 요구하고, 교직원협의회는 C안을 바란다. 그런데 교장은 또 다른 생각을 갖고 있다. 이 학교는 어떻게 이 다른 방안을 하나로 모아 나아갈 수 있을까? 의사 결정기구가 자꾸 많아진다는 것은 자칫 분열과 갈등의 시작이 될 수도 있다.

교육의 바른길, 우리 함께 갑시다

III.　한 아이도
포기하지 않는다?

1. 매년 학교를 떠나는 아이들만 1,300명

'한 아이도 포기하지 않는다.'라는 구호를 지난 2018년 진보 교육감들이 선거운동을 하면서 전국적으로 함께 내세웠다. 그런데 도대체 아이의 무엇을 포기하지 않는다는 것인지 명확하지 않다. 학부모나 교육자들 가운데 아이를 포기하는 사람도 있는가? 도대체 기초학력을 말하는 것인지, 학생 복지를 말하는 것인지 아니면 중도에서 학교를 그만두는 학생을 막겠다는 것인지 그 구호가 의미하는 바를 명확히 모르겠다. 어쨌든 주관적으로 나는 학교를 중단하는 학생이 없도록 공교육의 내실화를 기하겠다는 의미로 받아들였다. 그런데 그런 의미였다고 가정한다면 다음의 통계는 너무 안타깝다.

전라남도교육청의 학업 중단 학생 수

구분	초등학교		중학교		고등학교	
	재적 학생 수	학업 중단자	재적 학생 수	학업 중단자	재적 학생 수	학업 중단자
2019	94,952	307	45,663	199	52,755	792

교육의 바른길, 우리 함께 갑시다

2018	94,134	306	47,270	184	58,249	873
2017	93,233	289	49,642	193	63,631	903
2016	92,981	227	53,181	188	66,973	880
2015	94,368	197	58,806	216	68,407	890

1) 초등학교와 중학교는 유예 및 면제자를 학업 중단자로 봄

2) 고등학교의 학업 중단 사유는 자퇴(질병, 가사, 부적응, 해외 출국, 기타), 퇴학(품행)임

2015년 전체 학생 수는 221,581명이고, 학업 중단 학생 수는 1,303명, 비율은 0.58%이다. 5년 후인 2019년에는 전체 학생 수는 193,370명으로 줄었는데, 학업 중단 학생 수는 1,298명으로 비율이 0.6%로 오히려 늘었다. 한 아이도 포기하지 않는다는 구호를 주야장천 내세우며 집권한 성적치고는 초라하다.

왜 이렇게 학업 중단 학생 수가 줄지 않을까? 학생 인권이 강조되고, 학생 자치와 자율이 강조되는데도 말이다. 여기에도 이상과 현실의 괴리가 있다. 학생 인권이 강조되면 될수록 교육권이 약해지고 있다. 그러다 보니 지금의 교사들은 과거의 교사들처럼 투철한 사명감에 불타서 예전처럼 학생을 붙잡지 않는다. 괜히 시끄러운 사태에 휘말리지 않기 위해서 조용히 피한다. 그래서 학업 중단 숙려제를 도입해도 효과가 미미하다.

고등학교 학생은 각종 부적응뿐 아니라 내신이나 성적을 이유로 스스로 자퇴하는 사례도 많다. 결국 학력을 중시하지 않는 풍토나 교권을 경시하는 문화가 모두 복합적으로 작용하기 때문에 학교를 떠나는 학생들이 줄지 않고 있다.

학교는 학력을 보장해 주는 곳이 되어야 한다

교육은 미래를 대비하는 사회화의 기능을 가진다. 우리 아이들은 미래를 살아갈 세대이다. 따라서 오늘의 교육은 미래에 어떤 능력이 필요할지 고민하고 준비해야 한다. 그렇다고 오늘의 행복과 삶을 무시해서도 안 된다. 결국 교육은 미래를 위해 오늘을 열심히 사는 것이다.

지난 선거부터 전국적으로 전교조가 내어놓은 구호는 '한 아이도 포기하지 않는다'라는 말이었다. 도대체 무엇을 포기하지 않는다는 말인가?

이 말을 처음 들었을 때 이 구호와 아주 유사했던 미국의 NCLB(No Child Left Behind Act, 어떤 아이도 뒤처지지 않아야 한다.)가 떠올랐다. 미국의 정책은 목적이 명확하다. 기초 기본학력을 모든 아이들이 갖추고 있어야 한다는 것을 명확하게 밝힌 구호이다. 나는 미국에서 이 법이 처절하게 실패했다고 자조 섞인 목소리로 강의를 하던 교수님의 표정이 떠오른다.

교육의 바른길, 우리 함께 갑시다

모든 아이를 뒤처지지 않도록 한다는 평등한 결과 균등의 학력 정책을 강하게 밀어붙이니까 성과에 급급했던 선생님들이 기초 기본학력의 성취 기준을 형편없이 낮추어서 아이들의 전체적인 학력 하향 평준화를 가져오게 되었고, 그래서 실패라고 말한다고 했었다.

그 후에 이 명칭은 ESSA(Every Student Succeeds Act, 모든 학생들이 성공해야 한다)로 명칭을 바꾸고 모든 학생들, 그러니까 한 아이도 예외 없이 학습에 실패하지 않게 하기 위한 정책들을 시행하고 기초 기본학력 보장에 대한 정책 의지를 계속 드러내었다.

그런데 우리의 '한 아이도 포기하지 않는다.'에 내가 의문을 제기하는 것은 항상 구호는 말하는데 그것이 명확히 학력을 이야기하는 것인지, 복지를 이야기하는 것인지, 모든 것을 아우르는 말인지 명확하지 않다는 것이다. 그냥 정서적인 감정에 호소하는 불분명한 구호에 지나지 않는다는 것이다.

대놓고 말하는데 우리 아이들이 공부를 못하니 좋은 대학을 못 간다. 기초·기본 학력의 부진은 그대로 대학입시와 더 나아가서 취업에까지 영향력을 미친다. 자원이 한정된 이 나라에서 좋은 일자리가 적으니 경쟁은 치열할 수밖에 없다. 혁신적이고 창의적인 아이디어를 낼 수 있는 인재를 기르자는 말은 자녀들이 자라서 사회의 벽에 부딪혀서 공허한 메아리처럼 돌아오는 경험을 해 본 부모들에게는 정말 뼈아프게 다가오는 말이다. 아직 아이들이 어린 학생일 때야 무슨 말인들 못 하겠는가마는 아이들이 다 자라서 사회에서 자기 역할을 해야 할 때가 오면 부모들은 마음이 미어진다. 세 아이를 키워 보니 그렇다.

그래서 구호만 요란한 대책 없는 혁신학교 전면화는 대체 무엇을 혁신한단 말인가? 아이들을 이념의 볼모로 삼아서 무슨 미래의 희망을 말하겠는가? 학교가 정신 바짝 차리고 정말 희망이 되려면 아이들 공부부터 제대로 시켜야 한다.

교육의 바른길, 우리 함께 갑시다

2. 내로남불 인사정책! 선생님도 떠난다

2014학년도 이후부터 2018학년도까지 전라남도의 초등학교 교장 공모학교 운영 현황을 살펴보면, 모두 122개 학교의 교장공모가 있었다. 그중에서 교장 자격 미소지자가 지원 가능한 학교는 2016.9.1.자로 1개교, 2017.9.1.자로 1개교로 총 2개 학교에서 실시하였다. 결과는 물론 특정노조 소속의 교사가 교장으로 선발되었다.

그 이후에 2018년 7월 이후부터 2020.3.1.까지 모두 24개 학교 교장공모를 실시한 중에 6개교가 교장 자격 미소지자 지원 가능 학교로 선정되었다.

공모학교 운영 현황 (2014학년도 이후부터)

일 시	교장 정년 퇴직자 수	공모학교 수 (정년퇴직 대비 비율)	교장 자격 미소지자 지원 가능 학교 수 (공모학교 대비 비율)
2014. 3. 1.자	36	12(33.3%)	0

2014. 9. 1.자	41	15(36.6%)	0
2015. 3. 1.자	42	14(33.3%)	0
2015. 9. 1.자	37	16(43.2%)	0
2016. 3. 1.자	40	15(37.5%)	0
2016. 9. 1.자	39	13(33.3%)	1(7.7%)
2017. 3. 1.자	37	13(35.1%)	0
2017. 9. 1.자	38	12(31.6%)	1(8.3%)
2018. 3. 1.자	37	12(32.4%)	0
2018. 9. 1.자	17	6(35.3%)	1(16.7%)
2019. 3. 1.자	23	7(30.4%)	1(14.3%)
2019. 9. 1.자	14	5(35.7%)	1(20%)
2020. 3. 1.자	14	6(42.9%)	3(50%)

　　교장이 되는 경로를 다양하게 운영하여 능력 있는 교장을 선발하자는 주장도 일견 옳다. 그러나 그런 제도적 변화는 구성원 간의 합의와 공정성을 담보로 해야 한다. 엄연히 제도적으로 교장 임용 경로가 정해져 있는데 그 제도를 무시한 또 다른 트랙의 승진은 정해진 경로를 따라온 사람들에게는 아무래도 억울하고 이해하기 어려운 부분이다. 그것이 소수이고, 단 한 명일지라도 그렇게 느낄 수밖에 없다. 이게 왜 그런지 현재 우리나라의 교장 승진 임용 경로를 비교해서 제시해 본다.

　　일반적으로 교사에서부터 시작해서 교장으로 승진하기까지는 아무리 빨라도 25년 이상, 평균 30년은 걸린다. 왜 그런지 다음의 도표로 살펴본다.

※ 교장 임용 경로 비교

① 일반적인 교장 승진

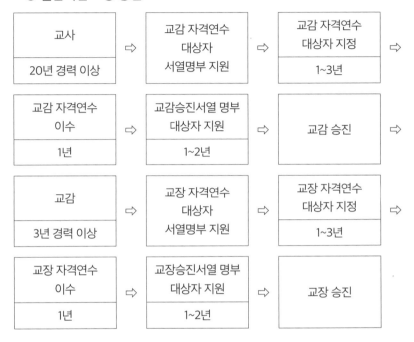

도표가 꽤 복잡하게 보이는데 설명해 보자면, 우선 교감 자격연수를 받을 수 있는 대상자가 되어야 한다. 그렇게 대상자가 되어 교감 자격연수를 먼저 받은 후에는 다시 교감으로 승진을 해야 한다. 그렇게 교감이 된 사람은 다시 교장 자격연수를 받을 수 있는 대상자가 되어야 하고, 교장 자격을 얻은 후에는 승진을 위해 또 기다려야 한다. 이것이 일반적인 교장 승진 과정이다.

② 교장미자격소지자 내부형 공모교장

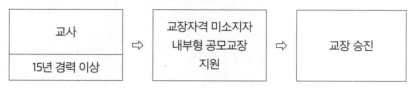

반면에 여기서 말하는 교장 자격이 없어도 공모교장에 응시할 수 있는 제도로는 단지 15년 이상의 교사 경력만 있으면 지원할 수 있고, 거기서 선발이 되면 바로 교장으로 임용이 된다.

이것이 전교조가 주장하는 교장선출 방식의 개선안이고, 현재 시범적으로 일부 학교에서 시행하고 있다. 그렇게 교장으로 승진하고 나서 이미 교장 자리에 있는 사람에게 다음 해 교장 자격연수 대상자로 지명해서 교장 자격연수를 받게 한다.

그런데 문제는 여기서 그치지 않는다. 위와 같이 교사에서 바로 교장으로 승진한 공모교장은 법규상 교장의 임기 4년을 마치면 다시 원직위 그러니까 아래 표와 같이 교사로 돌아가야 한다.

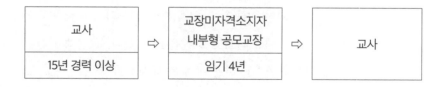

그런데 많은 시도에서 다음과 같은 방법으로 그냥 교장으로 계속 임용하게 된다.

교육의 바른길, 우리 함께 갑시다

※ 교장미자격소지자 내부형 공모교장의 교장 임용 방법

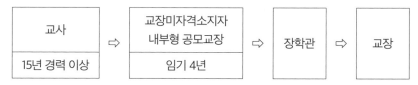

교장 경력이 있으면 장학관으로 임용할 수 있다. 또 장학관 경력이 있으면 교장으로 임용할 수 있다. 그래서 위의 표와 같은 방법으로 교사로 돌아가지 않고 교장으로 임용된다. 이것이 왜 문제가 되냐면 장학관은 장학사보다도 상급 직위이다. 시도의 정책을 결정하는 중요한 자리이다. 전라남도 같은 경우는 본청의 도 장학사 선발은 기준도 몹시 까다롭다. 도 장학사만 해도 많은 정책을 수립하는 중요한 자리라고 생각하는 것이다. 현재 전라남도교육공무원 인사관리기준에 있는 도교육청 장학사 선발 기준은 다음과 같다.

※ 전라남도교육공무원 인사관리기준

제31조 ④ 도교육청 장학사는 다음 각호의 1에 해당하는 자로 한다.

1. 장학사, 교육연구사 경력 2년 이상인 교육전문직원

(단, 교감 경력자는 교감 경력을 합산하여 2년 이상인 교육전문직원)

2. 교육전문직 경력자로서 전형에 합격한 교장 또는 교감

이러한 기준이 장학관도 아니고, 장학사를 선발하는 기준이다. 그런데 내부형 공모교장 몇 년 했다고 바로 장학관으로 임용한다. 실제 전라남도교육청에서 2019.9.1.자로 장학관으로 임용한 내부형 공모교장의 경

력을 그 이전에 같은 자리에 임용된 장학관들의 교육 경력과 비교해 보면 다음과 같다.

※장학관 임용자 경력 비교

① 2010.9.1.~2019.9.1. 이전까지 임용한 장학관 6명의 평균 교육 경력

② 2019.9.1. 임용 공모교장 장학관 교육 경력

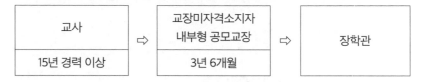

전라남도의 사례로 보면 2019년 9월 1일 자로 장학관 중에서도 막중한 인사의 책임을 지는 인사 담당 장학관 자리에 위의 도표와 같이 교장 미자격 소지자 지원 가능한 내부형 공모교장에 선출되었던 교사가 3년 6개월 만에 장학관으로 발탁된다. 기존에 그 자리에 임용되었던 장학관들 6명의 평균 교육 경력을 보면 교육전문직 공개 시험을 치르고 지역청 장학사로 시작해서 학교의 교감, 교장을 거쳐서 도 장학사로서 실무를 충분히 익힌 사람들로서 평균 15년 이상의 교육행정 경력을 지녔던 사람들이다.

교육의 바른길, 우리 함께 갑시다

이건 실로 파격적 인사다. 물론 이런 인사를 했다고 현행 법상 문제가 있는 것은 아니다. 인사라는 것이 다분히 인사권자의 권한이고, 법적으로 문제가 없다면 괜찮은 것이다. 그러나 전례가 없는 파격이라는 것이다. 이런 파격적인 인사는 유독 진보 교육감으로 분류되는 시도에 만연해 있다. 지난 12년간 일일이 사례를 열거하기 어려울 정도로 많다. 그러면 왜 이런 파격적인 인사를 할까? 단순히 코드가 맞는 인사를 했다고만 보기 어려운 이유가 분명 있다.

나는 인사권을 가진 지도자에게 가장 중요한 자질은 사람의 능력을 알아보고, 그 자리의 특성을 파악해서 적재적소에 필요한 인재를 앉히는 그것으로 생각한다. 지금 어느 한 자리의 장학관을 발령냈다는 것을 문제 삼는 것이 아니다. 이런 기본적인 인사권 행사의 리더십을 이야기하는 것이다.

더욱이 문제는 그런 인사를 실행한 자리가 특수한 분야의 자리라는 것이다. 인사라는 분야는 법령을 잘 알고 있어야 하고, 때마다 사람마다 달리 발생하는 다양한 상황에 대한 대처가 필요하다. 실무에 대한 경험을 요구한다는 말이다. 그러다 보니 전통적으로 아랫자리에서 실무를 익혀 온 사람들이 차근차근 승진해 와서 많은 경험을 가진 사람들이 앉아 온 자리라는 말이다. 그런데 사실 행정이라는 것은 대개가 깊이 있는 전문성을 요구하는 자리가 대부분이기에 그 분야 출신들을 기용하는 것이 바람직하다.

그럼 왜 이런 인사가 문제를 발생하는지 한 가지만 예시를 들어 보이겠다.

위와 같은 파격 인사가 있은 지 6개월 뒤, 그 장학관 체제 아래서 처음 인사정책을 하게 되는 2020년 3월 1일 자 인사를 보면 도저히 이해하기 어려운 인사 발령문을 접하게 된다.

2020. 3. 1. 자 초등교사 신규 임용 배정 현황을 보면 모두 84명이 신규로 발령이 나는데 그중에서 목포 11명, 장흥 16명, 강진 17명, 해남 31명, 무안 7명, 완도 1명이 발령 난다. 3. 1. 자 초등교사 인사는 기존의 선생님들이 지역을 옮기는 전보 인사가 가장 중요하고, 그다음이 바로 신규 교사 발령이다. 그런데 이런 신규 인사가 왜 문제가 될까?

전남은 지역적 특수성으로 인해서 도서벽지와 농어촌의 교원 수급이 항상 문제가 된다. 모두 도시 지역에서 살고 싶어 하니 말이다. 그래서 전통적으로 순환제 인사를 단행해 왔다. 화순 같은 곳에서 8년 근무하면 강제적으로 지역을 벗어나야 한다.

그래서 다시 화순으로 오기 위해서 전보 점수가 높은 완도, 신안 같은 곳으로 가서 4~5년 정도 근무하고 도시권으로 전보를 희망한다. 그러면 신규 교사들은 어디를 희망할까? 이제 막 대학을 갓 졸업한 젊은 선생님들은 대개 도시만을 희망한다. 그래서 보통 전보 인사를 하기 전에 적절하게 도시권에 인사 발령 자리를 비워놓는다. 가장 많은 희망은 역시 광주 인근에 4대 시군, 나주, 담양, 화순, 장성이고, 그 뒤를 이어서 순천, 여수, 광양이다.

왜냐하면 예전에는 교사 자리가 많아서 교대를 졸업하면 자기가 살던 지역에서 임용시험을 봐서 교사가 될 수 있었지만, 요즘은 줄어드는 학생 수로 교사 자리도 많지 않아서 교대를 졸업해도 경쟁률이 치열하다. 그러니 상대적으로 경쟁이 약한 전남과 같은 곳으로 몰린다. 광주는 몇 년째 10명도 안 되는 인원을 뽑고 있으니 그런 곳에서 임용시험을 치를 수 없다. 그래서 전남에는 전국 모든 지역 출신들이 몰려든다. 특히 진주교대나 부산교대를 졸업한 예비 교사들도 전남으로 많이 응시한다.

그리고 그들은 고향이 가까운 순천, 여수, 광양 지역에 거주하기를 희망한다. 그런데 인사 발령 내용을 보면 그런 동부권이나 광주 인근에 발령이 없다. 완도 1명을 제외하면 목포, 장흥, 강진, 해남, 무안 5개 시군에 발령이 집중되어 있다. 전남 22개 시군에 고르게 신규 교사를 발령내었던 과거 인사정책과 전혀 다른 파격이다. 이건 여론을 주도하는 기존의 교사들에게는 우선 희망하는 전보를 시켜 주고, 아직 뭣도 모르고 발령만 내주어도 감사하는 신규 교사들에게 슬그머니 짐을 씌우는 매우 불합리한 행정이다. 아무리 무지한 인사정책 담당관이라도 이런 식으로 발령을 냈었던 적이 과거에는 없다. 이제 뭘 모르는 어린 신규 교사들을 인사의 희생양을 만드는 것이다.

이처럼 모르고 지나치면 별것도 아닐 일들이 그 속내를 들여다보면 무지막지한 정책들이 한, 두 개가 아니다. 그리고 그런 정책을 남발하는 이면에는 발탁이라는 이름으로 비전문가를 임용하는 인사권자의 인사 남용이 있는 것이다.

그런 인사의 중요성을 인지하지 못한, 이해하기 어려운 이런 인사는 장학관 선발 전형에서도 계속된다.

무엇보다도 공정해야 할 공개 선발에서 누군가를 선발하기 위해서라고밖에는 볼 수 없는 선발 전형의 방안이 실시된다. 바로 선발할 때마다 응시 자격 기준이 바뀌는 것이다. 만일 국가고시나 임용고시와 같은 선발 시험에서 예고도 없이 매년 응시 자격의 기준이 바뀐다면 어떤 일이 벌어질까?

실제 이런 말도 안 되는 행정이 전라남도교육청에서 벌어져 왔다. 한 번 초등 장학관 임용후보자 선발 공개 전형 계획의 응시 자격을 비교해 보자.

※ 장학관 임용후보자 선발 공개 전형 계획 비교

① 2019.3.1.자

응시 자격	추진 일정
○ 공고일 현재 도내 공립학교 <u>전문직 경력이 없는 초등 교감</u>으로서 다음 조건에 해당하는 사람 - 임용 예정일 기준 <u>3년 이상 교감 경력</u>이 있는 사람	· 2019.1.7.~1.14. (8일) 공고 · 2019.1.14. 16:00 서류 접수 마감

② 2019.9.1.자

응시 자격	공고일
○ 공고일 현재 도내 공립학교 교장(또는 교감)으로서 다음 조건 모두에 해당하는 사람 - 임용 예정일 기준 1년 이상 교장(또는 교감) 경력이 있는 사람 - 선발 분야 급별 교장(또는 교감) 자격증 소지자	· 2019.7.25.~7.29. (5일) 공고 · 2019.7.29. 16:00 서류 접수 마감

③ 2020.3.1.자

응시 자격	공고일
○ 공고일 현재 도내 공립학교 교감으로서 다음 조건 모두에 해당하는 사람 - 임용 예정일 기준 1년 이상 교감 경력이 있는 사람 - 선발 분야 급별 교감 자격증 소지자 - 교육전문직원 경력이 없는 자 - 현임 학교 1년 이상 재직자	· 2020.1.15.~1.20. (6일) 공고 · 2020.1.20. 16:00 서류 접수 마감

응시 자격이 매번 바뀌고, 선발된 사람은 미리 자격에 맞춰진 듯 준비되어 있다. 짧은 공고일에 맞추어서 마치 준비되어 있었던 듯이 응시 자격에 맞는 인사들이 서류를 접수하곤 한다. 그리고 그렇게 선발된 사람들이 모두 특정 노조 소속으로 경력을 쌓아왔던 자들이라는 우연이 겹친다.

이런 인사를 지켜보면서 많은 교감선생님들이 좌절했으며, 많은 교장선생님들이 실망했다. 또 교육전문직의 사기도 급격히 떨어졌다. 장학사로 교육연구사로 힘든 일 다 해 가면서 장학관 승진을 바라던 이들에게 응시 자격 자체에 교육전문직원 경력이 없는 자라는 기준을 만들어 놓으니 그럴 만도 하다.

이런 인사에서 과연 입버릇처럼 말하는 그 공정이 바르게 작용하고 있는가? 이러니 '내로남불'이라는 표현을 갖다 대는 것이다.

교육의 본질 회복을 위해 원칙과 질서를 바로 세워야 한다. 인물을 기용할 때 임기에 구애받지 않으며, 인사의 원칙을 바로 세우고 철저히 지켜야 한다.

왜 포용과 통합의 리더십인가?

지난 2010년 교육감 선거가 직선제로 바뀐 후, 민선 1기가 전남교육에서도 시작되었다. 직선제로 치러지는 선거이다 보니 선거운동을 통해서 많은 후유증을 낳게 되었다. 힘든 선거운동을 마친 당선자에게는 선거를 도와준 사람들에겐 고마움을 갖게 될 것이고, 그렇지 않은 사람에게는 섭섭한 마음을 갖게 되는 것이 인지상정이다.

인사권자가 된 교육감은 그 감정을 인사에서 그대로 드러낸다. 능력이 발탁의 기준이 아니라 선거운동 기간에 어떠한 모습을 보였는지가 관건이 된다. 아무런 힘이 없는 공무원들은 지자체 선거가 있을 때마다 좌불안석이다. 공무원도 우선은 일반 국민과 다를 바 없다. 정치적인 견해를 갖고 있다는 말이다. 그러나 선거의 후유증을 그대로 겪어야 하니, 그런 정치적인 입장이나 견해가 은연중이라도 드러나지 않게 하려고 애를 쓴다.

민선 1기 교육감 인수위원회 대부분이 전교조 출신의 교사였다. 민선 3기의 인수위원회에는 그 교사들의 직급이 교감, 장학사, 장학관으로 바뀌었을 뿐 같은 이름들이 많이 보였다. 그분들도 나름대로 교육을 위해 한평생 헌신한 분들이다.

포용의 리더십을 주장하는 이유가 있다. 노조 활동을 하지 않았던 분들도 모두 한평생 교육에 헌신한 소중한 분들이다. 우리는 편 가름이 아니라 나름대로 교육에 헌신한 모든 분의 자존심을 지켜드릴 필요가 있다.

가령 교사 출신으로 바로 장학관이 되었어도 그 일을 수행하면서 나름그동안 익힌 행정 경험을 또한 무시할 수 없다. 세상에 실천적 지식보다 좋은 지식이 어디 있겠는가? 기본적으로 가져야 할 생각은 인재를 등용하는 데 다른 제한을 두지 말아야 한다는 것이다.

포용과 통합의 리더십을 갖추기 위해서는 넓은 바다와 같은 이해심과 현실을 바라보는 냉철함이 필요하다. 리더는 인사를 앞두고 선거 때와 같은 감정으로 인사 보복을 해서는 안 된다. 그런 인사를 해서는 교육자치 강화 시대에 희망이 없다. 교육자치는 교육과정부터 교과서 제작과 학교 운영의 전반을 스스로 만들고 결정해야 한다. 인재를 모두 불러 모아도 어려운 교육자치 시행을 앞두고 편을 나누고, 인사권자의 개인감정을 섞어 가면서 편향 인사라는 이름으로는 성취해 낼 수가 없다. 이상적인 말이라고 해도 현실이 그렇다. 전남은 22개 시군이 땅만 넓었지, 인구 자체가 적다. 특히 교직원 수는 이 모든 자치행정을 수행하기에 턱없이 부족하다. 모두 힘을 모아야 할 이유이다.

지금과 같이 교육이 정치 이념에 휘둘리고, 개인감정에 휩쓸려서는 안된다고 하는데 이런 식이라면 굳이 교육자치를 해야 할 이유가 없다. 일

교육의 바른길, 우리 함께 갑시다

반 정치와 다를 바가 없는데 왜 교육자치를 한단 말인가? 교육은 반드시 교육만의 기본적인 가치와 중심을 잡아야 한다. 휘둘리는 현상을 보여서는 안 된다.

2부

전남교육,
젊고 새롭게

I.

학부모는
자녀의 학력을
알 권리가 있다

1. 학업성취도 평가?

교육은 횡적, 종적으로 일관성이 있어야 한다

나는 우리 교육의 가장 큰 문제점으로 일관성이 없다는 것을 지적한다. 가정 교육에서도 횡적으로나 종적으로 일관성이 있어야 자녀교육이 바르게 선다. 횡적으로는 아버지와 어머니의 교육관이 일치되어 가정에서 부모가 교육을 일관된 입장으로 행해야 하며, 종적으로는 아이가 성장함에 따라 세월이 지나도 부모가 일치된 모습을 가져야 함을 말한다. 많은 가정이 초등학교까지는 피아노와 태권도를 가르치는 등, 특기 적성을 함께 기르는 교육을 병행하다가 중학교만 들어가면 모든 것을 단절하고 오로지 학업을 익히는 학원만 보내는 모습을 보면 이것이 어떤 문제를 지적하는지 이해가 될 것이다.

국가적으로 횡적, 종적 일관성이 없어 많은 문제가 발생한다. 횡적으로는 공교육인 학교 교육과 사교육인 학원 교육의 방법이 다른 것이 대표적인 사례이다. 낮에는 학교에서, 밤에는 학원에서 다른 교육 방법을 접해야 하는 학생들은 혼란스럽기만 하다. 종적으로는 유·초·중·고등학교에서 공교육을 성실히 수행했다고 대학입시나 나아가서 취업의 문에서 유리하지 않다는 것이다. 학교에서 배우고 익힌 역량만으로는 대학입시와 취업을 준비하는 데 어려움을 겪는다는 말이다. 왜 이러한 어려움을 겪을까?

학력에 대해 사회가 인식하는 개념이 달라지고 있다. 그런데 문제는 그렇게 달라진 개념만큼 학력에 대한 입시나 취업의 평가 방법이 달라졌느냐는 것이다. 평가가 내가 노력해서 얻은 역량에 대한 측정을 제대로 하고 그래서 부족한 부분을 보충하는 역할만 충실히 해 준다면 참 좋을 것이다. 그러나 우리 사회와 같이 한정된 자원과 많은 인구 속에서 수혜를 입을 사람이 적었을 때 평가는 다분히 선발의 속성을 내포한다. 아주 간단하게 대학입시를 예로 들어 보자.

서울대학교의 한 해 입학 정원은 3,000명 수준이다. 그런데 그 학교에 입학하고자 하는 학생 수는 훨씬 많다. 그러니 입학생을 선발하는 평가가 이루어진다. 그 평가는 경쟁이 치열하면 치열할수록 선발에 초점을 맞추어 차별화를 확인하는 구조로 발달한다.

기업에 입사하고자 하는 경우도 마찬가지다. 인기가 많은 회사에 경쟁이 치열해지고 따라서 평가도 그렇게 발달한다. 그리고 그렇게 발달한 평가가 새롭게 달라지는 학력의 개념 측정을 추구하지 않는다는 커다란 문제가 존재한다.

여기서 학교의 역할론까지 논의될 수 있다. 학교는 전인적인 인간을 기르기 위해 노력해야 한다. 하지만 미래의 직업인을 위한 준비를 함께 하여야 하는가에 대한 질문에는 쉽게 답하지 못한다. 여기서 날카롭게 지적하고 싶다. 자신의 솔직한 감정과 생각을 들여다보라고 말이다.

학부모들은 학교가 제대로 된 전인적인 인간의 성장이라는 교육의 역할을 기대하지만 동시에 솔직한 내면은 좋은 직업을 가질 수 있는 능력을 갖춘 사람으로 길러 주길 기대한다. 다시 말하면 좋은 대학이나 직장을 가질 수 있는 취업 역량을 길러 주기를 바란다. 당연한 욕구이다. 그러니 사회 변화, 즉 평가의 내용이 먼저 달라지지 않고서는 학교 교육의 내용이 변화하기 어렵다. 이것을 솔직히 인정해야 한다. 그럼 사회가 아직 변화하지 못한 오늘날과 같은 과도기에 학교 교육은 어떠한 견해를 밝혀야 할 것인가? 이와 같은 고민을 하지 않을 수 없다.

학교 교육이 기본적으로 잘 된다는 것은 학력이 우수할수록 인격적으로 우수하고 성품이 바르게 된다는 전인교육을 전제로 가야 한다. 인격과 학력을 별개로 놓는 것이 아니다. 우수한 인재라는 것은 신체적, 정서적, 기능적인 모든 면에서 고르게 발달하는 사람이다. 교육의 역할, 학교의 기능이 이러한 인재를 기를 수 있는 방향으로 맞추어져야 하는데, 자꾸 학력과 인성이 별개인 듯이 생각해서는 안 된다는 말이다.

교과서를 가르쳐라

불과 10년 전만 해도 "교과서를 가르치지 말고, 교과서로 가르쳐라."라고 필자 역시 힘주어 이야기하곤 했다. 이 말은 교육과정을 구현한 교과서를 그대로 교육하지 말고, 지역과 학교 특성에 맞게 교육과정을 재구성해서 교육하라는 말이었다.

획일적인 교수·학습 방법을 벗어나서 다양한 방법으로 교육을 혁신하자는 의미였다. 그러나 이제는 선생님들에게 오히려 '교과서를 가르치라'는 말을 해야 하는 시점이 아닌가 싶다.

도시에 있는 큰 학교 학생들은 등교를 제대로 하지 못하고, 원격으로 수업을 진행하였다. 원격수업으로 어려움을 겪어 온 상황에서 참 미안한 말이지만, 전남의 작은 학교들은 일찍부터 등교해 대면 수업을 했다. 그러나 작은 학교 역시 코로나로 모든 현장 체험학습이 중단되고, 각종 다양한 교육활동과 프로그램들이 멈추었다. 그러자 선생님들한테서 나오는 소리가 있었다.

'이제 학교가 좀 학교답다. 학교가 차분해서 좋다. 교실에서만 아이들을 만나니 좋다'라고 하면서 '지금이 학력을 기를 수 있는 기회'라는 말들을 했다. 그러면 그동안 학교는 학생들의 학력을 기르지 못하고 있었단 말인가? 그런 말을 들으니 참 씁쓸했다. 이러한 말들이 이제는 누군가 '교과서를 가르치라'는 말을 할 시점이라는 간접증거라고 생각하게 됐다.

학력의 개념이 달라진 세상에서 다양한 교육 프로그램을 학생들에게 제공해야 한다는 말도 여전히 맞다. 그러나 학교의 모든 활동은 분명한 교육목적을 갖고 있어야 한다. 체험학습을 왜 하는지, 이 프로그램을 통해서 무슨 교육적 효과가 있는지를 선생님은 분명히 알고 있어야 한다.

더욱이 선생님을 대신한 누군가에게 학생들을 가르치는 자리를 내어 줄 때는 정말 신중해야 한다. 요즈음 학교마다 '찾아오는 진로 체험'과 같은 프로그램을 유행처럼 모두 따라 하고 있다. 이 프로그램의 교육목적이 무엇이냐고 물었을 때, 선생님들은 교과서를 가르치는 것 이상의 효과를 전제로 한 분명한 답을 가지고 있어야 한다.

교과서를 만들기 위해서는 수십 명의 전문가가 달려들어 함께 고민한다. 그러한 교과서를 가르치는 것을 대신해서 다른 교육활동을 할 때는 우리 지역과 학교의 특성은 선생님이 가장 잘 알고 있고, 선생님이 교육과정의 전문가라는 것을 인정하고 존중해 주는 것이다.

그런데 어느 학교나 진행하는 교육활동을 그대로 따라 하는 것은 또 다른 획일화일 따름이다. 그러느니 차라리 교과서를 그대로 가르치는 것이 낫다는 말이다. 코로나로 세상이 잠시 멈춘 듯한 느낌을 받는다. 덕분에 우리가 미처 생각도 못 하고 바쁘게 살아왔던 모습들을 되돌아 보게 된다.

학생들이 교실에서 선생님과 수업만 하는 이 당연한 모습을 두고, '이제야 학교가 좀 학교답다.'라는 말을 들었을 때, 우리가 정신없이 달려온 교육 혁신의 길에서 기본에 충실한 교육이 계속해서 이루어지고 있는지, 우리가 가야 할 길을 다시 한번 살펴볼 차례이다.

학부모가 자녀의 학력에 대해 고민하는 때

일제식 학업성취도 평가를 폐지하고, 학생들의 학력을 객관적으로 평가하는 소위 시험이라는 것이 사라지고 난 후 혼란을 겪는 것은 부모들의 몫이 되었다. 솔직히 부모들은 자녀들이 어느 정도의 학력인지 잘 모른다. 객관화한 수치로 제시하지 않기 때문이다. 그러다가 중학교에 가서는 자유학기제를 마치고 대개가 2학년에 올라가서 첫 시험을 치르고 성적을 비교 평가하여 제시해 준다. 바로 이때 부모들은 처음 자녀의 학력을 상대적으로 비교한 자료를 받아 보게 된다.

과연 학업 성취도 평가란 무엇인가? 학업 성취도 평가는 학생들이 학교에서 배운 내용을 얼마나 잘 이해하고 있는지, 교육목표에 얼마나 도달했는지를 체계적으로 진단하기 위하여 실시하는 평가이다. 국가적으로는 이 평가 결과를 토대로 교육과정 및 교수·학습 방법을 효과적으로 개선하고, 교육정책을 수립하는 기초 자료를 마련하여, 학교 현장의 평가 방법을 발전시키는 것이 이 시험의 목적이다.

개인적으로도 자신의 교육목표 도달 정도를 확인하는 것이다. 많은 교육 관련 연구물에는 학업 성취도 평가를 연구 결과의 성패로 확인한다.

예를 들어 A라는 교과서로 공부한 학생과 B라는 교과서로 공부한 학생이 학업성취도 평가 결과를 비교했더니 A라는 교과서로 공부한 학생의 학업 성취도가 높았다. 뭐 이런 식의 연구 결과들이다.

교육의 목적, 내용, 방법, 평가가 모두 유기적으로 연결되어 있어서 우리는 교육의 철학부터 구현하는 방법까지를 모두 함께 고려하고 고민하지 않을 수 없다.

여기에 미래 사회는 혁신적인 정보와 문명의 변화를 예고하고 있다. 그래서 교육이 이런 미래 사회에 발맞추어야 하는데 우리는 아직 평가 하나도 결정을 하지 못하고 우왕좌왕하고 있다. 그러나 이런 문제를 보는 시각을 학부모 처지에서 생각해 보자.

누구보다 자기 자녀의 객관적 학력을 알고 싶은 그 마음을 헤아려 준다면 학업성취도 평가는 당연히 공개되어야 맞다. 그 진단으로부터 학부모들의 학교에 대한 교육의 요구가 나올 수 있고, 자기 자녀의 미래를 설계할 수 있기 때문이다. 그래서 학부모의 알 권리를 충족시킬 수 있는 대안들이 마련되어야 한다.

가령 현재 나이스 대국민 서비스 시스템을 확대한 공교육 빅데이터 센터를 구축해서 학부모들에게 자녀의 모든 수행평가 결과와 생활 전체를 공개하는 제도 도입을 과감히 추진해야 한다. 학교에서 이루어지는 모든 평가 결과를 부모님들에게 제공하자는 말이다.

교육의 바른길, 우리 함께 갑시다

2. 효도와 예절부터 가르친다

교육자치 강화? 약도 독도 될 수 있다

지방 교육자치 강화로 크게 일어나는 변화가 있는데, 그것은 지방에서 직접 교육과정과 교과서를 만들 수 있다는 내용이다. 쉽게 말하면 지역마다 학생들이 배우는 내용과 교과서가 달라진다는 말이다. 그런데 이것은 좋은 일만은 아닐 수도 있다. 이게 무슨 의미일까?

학생들에게 무엇을 가르칠까를 고민하는 그 내용이 바로 교육과정이다. 교육과정으로 다룰 수 있는 내용은 이 세상에 무수히 많다. 그 많은 내용 중에 과연 무엇을 선정하고 가르쳐야 할까?

이것이 교육과정을 다루는 사람들의 고민이다. 이 교육과정은 적어도 유·초·중등 미성년 학생들에게는 가장 기본적이고 본질적인 내용이 들어와야 한다. 시대에 편승하거나 시류와 개인적인 이념, 특정한 교육 철학에 따라 결정되어서는 안 된다는 말이다. 그래서 교육과정은 가장 고

전적이고 학문적으로 확실히 인정되어 정설이 된 내용들이 들어와야 한다.

그동안 나라에서 만드는 국정교과서는 기획부터 내용 하나하나까지 빠짐없는 검수를 받았다. 가령 과거 역사 교과서 파문을 보면 이해할 수 있다. 그러나 지방은 지닌 역량에 따라 차이가 생길 수밖에 없다. 특히 지역에서 교육감의 권력을 견제할 수 있는 수단이 변변치 않고, 시·도민들이 별 관심을 보이지 않으면 교육감의 일방적인 교육 철학에 따라서 교과서의 내용이 달라질 수 있다는 것이다. 예를 들어 광주와 전남 지역에서 5·18에 관해 비중 있게 교과서에서 그 내용을 다룰 수 있는데, 다른 지역에서는 그 내용을 아예 언급하지 않을 수도 있다는 말이다.

그래서 교육자치 강화 시대에는 지역에 따라서 자치권이 약이 될 수도 또는 독이 될 수도 있는 것이다.

사람을 사람답게 기르는 교육이란?

교육과정에 반드시 들어와야 할 내용이 무엇인가에 대한 고민은 우리가 지향하는 교육 이념을 무엇으로 할 것인가에 대한 고민과 크게 다르지 않다. 결국 가르치는 내용에 의해 기르고자 하는 인간상이 결정되기 때문이다.

교육의 바른길, 우리 함께 갑시다

대표적으로 우리 교육에서는 인성이 바른 인간을 육성하고자 인성교육진흥법을 제정하고, 인성교육의 기본 덕목을 선정하여 가치관 교육을 하고 있다.

사람이 반드시 지녀야 할 덕목이 무엇인가에 대한 고민이 시작되어야 한다. 가령 효라는 덕목이 시대와 환경을 거스르는 당연한 사회적 가치로 구성원들의 인정을 받는다면 그것은 마땅히 가르치고 계승해야 할 가치이다.

그런데 만일 동성애라는 주제로 이야기를 해 보면 상황은 많이 달라진다. 과거에 동성애는 해서는 안 되는 잘못된 가치로 인식됐다. 그러나 소수자의 인권이 강조되는 사회 현상에서 동성애도 인정받아야 할 권리처럼 이야기한다. 그렇다고 동성애와 관련된 인권교육이 시류를 타고 교과서에서 미성년인 학생들을 대상으로 다루어져도 될까? 많은 논란이 예상된다. 그런 논란이 있는 가치는 잠시 보류되어야 할 것이다.

이와 같은 예에서 보듯이 사회적 문제가 개인의 가치관에 따라서 첨예하게 달라지는 이런 가치를 항상 일정한 보편타당한 가치라고 부르기 어렵다. 그리고 그런 내용을 유·초·중등 미성년이 배우는 교육과정으로 다루어서는 안 된다.

그리고 여기서 다루고 싶은 문제는 이런 가치를 교육에서 내용으로 다루어야 하는가 하는 질문이다. 교육이라는 것은 아직 미성숙한 인격체,

그러니까 스스로 올바른 판단을 하기 어렵다는 전제하에 교육하는 것이기 때문이다.

그래서 우리 교육은 아예 법적으로 정한 인성교육 핵심 가치 덕목을 8가지로 다음과 같이 배려·소통·정직·예절·존중·책임·협동·효로 정하고 있다.

왜 효(孝)인가?

많은 덕목 중에서 효를 하나로 예를 들어 보자.

아마도 우리가 효도를 하는 마지막 세대일 것이라는 말을 들었다. 그러나 교육은 세대와 상관없이 전해져야 하는 그러한 전통을 이어가는 일이 되어야 한다. 사람의 사람다움을 위해서도 효는 동서고금을 통틀어 인성의 기본으로 또 교육의 기본 바탕으로 인식되어진다.

효(孝)는 한자로 살펴보면 효(爻), 교(敎), 학(學) 등의 글자와 연관된다.

우선 사귈 효(爻)라는 글자를 이루는 예(乂)는 '사귄다. 만나다.'라는 뜻이다. 즉 하늘과 땅의 만남으로 자연의 이치를 나타낸다. 효(爻)는 예(乂)가 아래위로 펼쳐진 글자이다. 위의 예(乂)는 하늘과 땅, 자연의 사귐이고, 아래의 사귐은 사람의 도리를 나타낸 글자이다. 즉, 효(爻)란 하늘과 땅, 자연의 이치에 따라 사람의 도리를 세우고, 이를 본받는다는 뜻이다.

교육의 바른길, 우리 함께 갑시다

늙을 노(老)는 늙어서 허리가 구부러졌다는 외형의 늙은 모습을 담은 것뿐만이 아니라 효(爻)의 이치를 깨닫고 실천하며 살다 보니 늙었다는 뜻이다.

결국 효(孝)의 어원과 의미에는 사람의 도리와 하늘과 땅의 이치를 본받아서 가르치고 배우고 깨닫고 살피면서 늙어간다는 뜻이 담겨 있다.

가르침(敎)과 배움(學)에는 효(爻)와 자(子)가 공통으로 들어있다. 공자는 '효는 덕의 근본이고 가르침이 말미암아 나오는 곳.'이라고 했다. 가르침(敎)은 남들에게 사람의 도리에 함께 나아갈 수 있도록 이끌어주는 것이다. 그런 사람의 도리를 이루기 위해 어떻게 말하고 행동하는 것인지를 가르쳐야 한다.

배움(學)이란 우리가 왜 공부를 하는가? 무엇을 배우고 왜 배우는지에 대한 물음과 답변이다. 따라서 효(孝)는 가르침(敎)과 배움(學)의 근본이고, 우리의 바른 생활은 효의 생활화라는 것이다.

이토록 끝없는 가르침과 배움이 일어나는 교육의 현장에서 무엇을 가르칠 것인가에 대한 고민이 가장 크게 일어나야 한다. 그리고 그 무엇은 바로 사람이 사람답게 살아갈 수 있는 사회를 이루기 위해서 가장 기본이 되는 내용을 담고자 노력해야 한다.

그러기에 하늘과 땅, 자연의 이치를 따라 부모님을 공경하고 사람의 도리를 다하며 살아가는 효와 같은 내용이 교육의 기본과 본질 속에 언급되어야 하는 것이다.

기초 학력의 기본? 낱말의 뜻부터 알아야 한다

교육과정의 인성 덕목을 강조하면서 한자를 통해 효(孝)를 예로 들어서 강조하였다.

사실 지금 우리 국어 교육의 가장 큰 문제로 학생들이 낱말의 뜻을 너무 모른다는 점을 들고 싶다. 낱말의 뜻을 모르니 책을 읽어도 이해가 안 되고, 다른 사람의 말을 경청해도 의미를 모른다. 모든 학문의 기본이 언어인 국어로 되어 있다. 하지만 낱말의 의미를 모르기 때문에 국어를 잘할 수 없는 것이다.

그래서 기초 학력이 부족하다고 난리다. 그리고 기초 학력을 해결하는 방안으로 최근 문해력이 주목받고 있다. 그러나 이것은 원인을 잘못 짚었다. 텍스트의 맥락을 기반으로 이해하는 방안도 맞다. 이는 앞, 뒤 내용을 살펴서 낱말의 의미를 유추한다는 것이다. 그러나 우리 말은 어원이 한자다. 대개의 낱말의 어원이 한자로 구성되어 있다. 한자의 음과 뜻을 알면 왜 이렇게 낱말을 복합적으로 구성했는지를 문맥이나 상황을 통해서 이해하는 것보다 쉽게 알 수 있다.

교육의 바른길, 우리 함께 갑시다

한자의 뜻을 살펴보면 의미 전달이 쉬울 낱말과 글을 가지고 한자 자체를 모르는 세대가 읽으면 이해하기 어려워하는 것은 당연하다. 따라서 우리 교육에서 국어 교육을 바르게 이끌기 위해서는 어원 교육인 한자 교육은 어느 정도 필수적으로 이루어져야 한다는 주장에 귀를 기울여야 한다.

예전에는 사교육 시장이나 방과후 학교에서나마 다루던 한자 교육이 점차 사라지고 있다. 그러다 보니 국어의 어원을 모르고 어휘력이 떨어진다는 소리가 당연히 나온다. 이토록 교육과정이라는 것은 교육과 사회에 드러나지 않게 큰 영향을 미치게 되고 따라서 교육의 기본을 논할 때면 당연히 교육과정을 어떻게 구성해야 하는가를 두고 깊은 고민을 해야 하는 것이다.

II. 　　사교육비 절감을 위해 학원부터 알자

1. 공교육 혁신, 학부모 신뢰 회복부터

우리 교육의 불일치

앞에서 우리 교육의 큰 문제로 일관성이 없다는 것을 지적했다. 가령 교육철학을 아주 단순하게 학문 중심과 아동 중심으로 나누어보자. 가정에서 엄마와 아빠는 둘 사이에 교육철학을 일치시켜야 한다고 했다. 아빠는 일요일에는 아이들이 운동도 하고 놀아야 한다고 하고, 엄마는 다른 집 아이들은 일요일에도 학원에 가는데 우리 아이도 보내야 한다고 주장한다. 물론 엄마와 아빠의 입장이 바뀔 수도 있다. 예전에 유행했던 「스카이캐슬」이라는 드라마에서는 아빠가 오로지 공부만을 시켜야 한다는 모습을 볼 수 있었다. 어쨌든 아이는 부모가 서로 다른 주장을 하면 혼란스럽다.

그런 교육철학은 아이들이 자라가는 과정에서도 일치해야 한다. 대부분의 가정이 유치원과 초등학교까지는 과정 중심의 학원 교육을 시킨다. 태권도나 피아노 같은 예체능 교육을 시키다가 중학교에 올라가면 무슨 큰일이나 난 것처럼 그런 학원을 중단시키고 모두 교과 학원만을 보낸다. 학생은 여전히 혼란스러울 수밖에 없고, 예체능에 적성과 특기가 있는 학생은 그 재능을 사장시킬 수도 있다. 이렇게 부부간의 횡적인 교육철학이나, 한 학생의 성장 과정에서 유치원부터 초·중·고까지의 종적 교육철학이 모두 일관성 있게 적용되어야 함을 말한 것이다.

이런 문제는 국가적으로도 횡적으로 다음과 같은 문제가 있다. 공교육인 학교는 교육 혁신을 통해서 수업의 모습을 토론식, 프로젝트식으로 학생 중심, 배움 중심, 과정 중심의 방법을 취하고 있다. 그러나 학원은 이런 교수학습의 흐름과 달리 여전히 입시에 효율적인 결과 중심의 그러니까 암기식, 주입식 방법을 과거와 마찬가지로 취하고 있다. 학생들은 낮에는 학교에서, 밤에는 학원에서 전혀 다른 학습 방법을 가지고 혼란에 빠지게 된다.

이것은 국가적으로 종적인 일관성이 없어서 생기는 문제이기도 하다. 유·초·중·고를 통해서 과정 중심의 교육을 받은 학생들은 평가에서도 역량을 평가하는 과정 중심 평가를 받아야 하는데 우리 사회는 여전히 대학입시나 나아가서 취업하는 평가에서 결과 중심의 평가를 하고 있다. 그러니 학생뿐 아니라 학부모들에게는 결과 위주의 효율적 교육에 신경 쓰는 학원을 더 신뢰할 수밖에 없다. 결국 국가 시스템의 문제가 있는 것이었다. 이런 교육의 불일치는 공교육에 대한 국민 불신을 가져오는 원인이 된다. 따라서 공교육에 대한 신뢰를 가져오기 위해서는 사교육의 대처 방안과 사회 구조적인 문제를 함께 고민하지 않으면 안 된다.

공교육과 사교육의 시너지

지금은 1980년대처럼 일방적으로 사교육을 제한할 수 없다. 이미 10조 원이 넘는 경제의 한 축으로 성장한 사교육이 공교육의 발목을 붙잡는 것이 아니라 국가 경쟁력을 강화하려면 공교육과 사교육은 서로 보완의 태도를 보여서 시너지를 발휘하도록 유도해야 한다.

학교에서는 방과후학교나 돌봄교실의 강사들에게 지속적인 연수를 시키면서 질적 향상과 더불어 우리 교육이 지향해야 할 미래지향적인 비전을 공유하고 있는데, 여기에서 힌트를 얻을 수 있다. 지금 모든 시도의 교육청이 운영하는 교육연수원은 코로나 상황으로 집합 대면 연수보다는 온라인 연수로 프로그램을 바꿔서 운영하고 있다. 온라인 연수의 장점은 시공간에 구애받지 않는다는 것이다. 이런 교육적인 연수들을 개방해서 일반인들에게 제공할 필요가 있다. 학부모도 교육이론에 대해서 알 권리가 있고, 사교육 종사자들도 우리 교육이 지향하는 방향에 대해서 연수를 받고 알아서 함께 교육의 방법을 개선할 필요가 있다. 이렇게 우리 교육이 나가야 할 방향을 사교육과 비전을 공유해야 한다고 본다.

현재 선행학습금지법 운영에서도 공교육인 학교뿐 아니라 사교육 학원에서도 선행학습을 강력하게 금지해서 하루빨리 사교육은 공교육의 보완적 성격으로 자리매김해야 한다.

교육의 바른길, 우리 함께 갑시다

왜 공교육과 사교육이 비전을 공유하고, 선행학습이 아닌 보충학습이 필요한지 간단하게 학교 현장의 모습을 언급해 보겠다.

우리나라 교육과정, 그러니까 쉽게 말해서 학생들이 배우는 교육의 내용이 너무 어렵다. 미국 유학 시절에 미국의 초등학교, 고등학교에서 수업을 참관하면서 정말 많이 놀랐던 부분이 바로 교육과정이었다. 수학 교과 같은 경우는 같은 학년으로 비교했을 때 우리나라가 3년 정도 앞서는 내용으로 구성되어 있었다. 즉 미국 초등학교의 최고 학년인 5학년이 우리나라 초등학교 2학년 정도의 수학을 공부한다는 소리다. 그러다 보니 고등학교 수학이 우리나라 중학교 수준의 수학 내용이었다. 심지어 영어도 그렇다. 영어는 미국 학생들의 국어다. 그런데 우리나라 고등학생들이 배우는 영어가 미국의 영어 교과서보다 어렵게 느껴졌다.

학교 교육과정도 다른 나라보다 어려운데 거기다 학원에 가면 학년을 앞서서 선행학습을 한다. 5, 6학년 초등학생에게 중학교 수학을 가르친다. 그런데 초등학교 선생님들 이야기를 들어 보면 학원에서 중학교 2학년 과정의 수학을 배우고 있는 학생이 정작 수업 시간에 지금 익혀야 할 초등학교 5, 6학년 수준의 수학을 제대로 해결하지 못하고 있다는 것을 지적한다.

미국은 왜 그렇게 수학의 교육과정이 느릴까? 그것은 수업의 모습을 보면 이해할 수 있다. 초등학교 5학년 아이들이 우리나라 2학년이나 배울 두 자리 수 덧셈과 뺄셈 문제를 풀면서 그 방법을 찾기 위해서 엄청난 시간을 들여서 고민을 한다. 과정 중심 교육으로 진행하는 것이다. 우리 같으면 문제 풀이의 과정보다는 그 답을 빨리 찾고 답이 정확히 맞았는가 틀렸는가를 집중한다면 미국은 그 과정에서 어떻게 생각을 이끌어내는가에 집중한다. 그런데 수학의 본래 목적이 바로 사고력 증진이라는 것을 생각하면 미국의 방법이 보다 수학 교육의 본래 목적에 가깝다. 그러나 우리 학생들은 어려운 수학의 문제를 접하면 빨리 답을 찾기 위해서 문제풀이 방법을 암기식으로 외우고 기억해 내서 답을 찾는 데 집중하게 된다. 사고력 증진과는 별 상관이 없는 교육이 이루어진다.

이런 사회적 분위기를 사교육이 조장해서는 안 된다는 것이다. 그러니 국가적인 체제가 이를 정책적으로 도와주고, 교육의 본질을 찾아 모든 국민이 합의하게 이끌어야 한다.

또한 어떤 정권에 상관없이 일관성 있는 대학입시 체제가 마련되도록 앞으로 국가교육위원회는 제대로 역할을 다해야 한다. 그래서 사회가 학벌이나 학력 위주보다는 사람의 능력과 역량 중심의 평가체제로 일반화되어야 한다.

학교는 졸업장만 따는 곳인가?
- -

사람은 은혜를 받았다고 느끼면 감사하게 되어 있다. 지인이 운영하는 영어 학원을 찾아온 학생들이 있었다. 그 학생들이 대학을 진학한 후,

스승의 날을 맞아서 학원 선생님께 감사 인사를 드리러 왔다고 한다. 그런데 그 제자들이 정작 학교에 가서 학교 선생님께는 감사 인사를 안 드렸단다. 그 이유를 물었더니 자신들이 대학 가는 데 큰 도움을 주신 분은 영어 학원 선생님이기 때문에 그렇단다. 사실 그 학생들의 말을 듣고 나는 내심 큰 충격을 받았었다. 정말 스스럼없이 그렇게 자기의 의사를 표현하는 청년들을 보면서 교육자의 한 사람으로서 마음속 깊이 고민에 빠지지 않을 수 없었다.

공교육은, 그러니까 학교는 엄청난 재원과 국가적인 투자를 한다. 그런데 민간이 운영하는 사교육인 학원에 국민이, 직접 수요자인 학생이 오히려 감사하고 있다는 생각을 말하는 것을 들으니 그런 맘이 들지 않을 수가 없었다.

학부모님들과 대화를 나누다가 공부는 학원에서 시키고, 학교는 졸업장만 따면 된다는 말을 들었을 때도, 교육자의 한 사람으로서 어떻게 표정을 가져야 할지를 모르겠다. 도시 학교, 학원가가 밀집한 학교에 자녀를 보내는 부모님들이 흔히 가지고 있는 생각이다. 어쩌다가 학교가 이렇게 부모님들이 인정하지 못하는 곳이 되었을까 송구하고 염려스럽다.

우리 선생님들은 분명 각고의 노력을 기울여 학생들을 교육하고 있음에도 왜 이런 말과 생각이 일반 국민에게, 학부모와 학생에게 심어지고 있을까?

학교가 학력이나 인성이나 어떤 면에서나 학생들의 전인적 교육을 책임지지 못하고 있다고 수요자인 학부모와 학생이 느낀다면 고민하고 반성해야 하는 것이 아닌가?

성적표 하나도 만족과 신뢰를 주지 못한다

학부모라면 누구나 공감할 수 있는 이야기 하나를 꺼내 보겠다. 도대체 학교에서 보내주는 성적표나 통지표로 아이의 성장 단계를 잘 파악하기 어렵다. 무슨 말인지 잘 모르겠다고 한다.

그 이유는 현재 학교에서 나가는 성적표가 교과의 영역을 전체가 아닌 대강을 서술형으로 나열하고 있기 때문이다. 과목마다 배우는 영역이 다양한데 그 모든 영역을 다 나열하지 못하고 일부분만 서술한다.

예를 들어 수학이라는 과목에는 연산, 도형, 통계 등 다양한 영역이 있다. 실제 학교에서는 영역별로 수행평가를 시행하고, 아이들의 학력을 정확히 진단하고 있다. 그러나 학부모에게 제공하는 평가 결과에 대한 정보는 일부 영역만을 제공한다.

가령 학생이 도형 영역은 잘 못 하고, 연산 영역을 어느 정도 해내는 수준이라면 성적표에는 이 학생은 연산 영역을 잘하고 있다는 식으로 서술한다. 그 서술이 지극히 긍정적인 내용만 써 주기에 부모들이 자

교육의 바른길, 우리 함께 갑시다

녀의 성적을 잘 파악하지 못하고, 그저 다 잘하고 있으려니 한다. 그것은 학부모의 민원을 염려하는 학교의 경향도 있기 때문이다. 사실 교사로서는 모든 과목의 영역을 전부 서술해서 작성하기도 어렵지만, 있는 그대로 아이의 능력이 못 하는 것을 못 한다고 서술하는 것에 대해서 학부모들이 익숙하지 않기 때문에 어려움이 많다. 객관화한 수치가 아니라 서술에 대한 신뢰가 부족하기 때문이다.

중학교 1학년까지 자유학년제로 운영하는 공교육시스템에서 우리 자녀의 학력을 객관적으로 진단하기는 매우 어렵다. 성취도평가를 객관화한 수치로 나타내주지 않기 때문이다. 성적표는 서술식으로 작성되는 것이 대부분이다. 그러니 학부모들은 아이의 학교 성적을 잘 알 수 없다. 대국민 서비스 차원에서도 우리 학교의 성적 통지표는 하루빨리 개선되어야 한다. 우선 학부모가 객관적으로 잘 이해할 수 있도록 해 주어야 한다.

반면, 학원의 통지 시스템은 일제식으로 치른 시험 점수를 바탕으로 예전 방식 그대로 정확한 서열과 점수를 나열하며 객관화한 수치를 제공한다. 그리고 이런 방식은 학부모의 마음을 사로잡았다. 문제는 어떤 방식이 더욱 학부모 신뢰를 얻게 되느냐는 것이다. 단순히 학부모들이 요구한다고 다시 서열을 매기고 무한 경쟁과 비교 의식 속에서 우리 아이들이 자신감을 잃게 해서는 안 된다. 그러나 과거의 수우미양가 식으로 할 필요는 없다고 하더라도 영역별로 정확한 평가 결과를 교육 수요자인 학부모와 학생에게 알려 주는 노력이 학교와 공교육의 입장에서는 필요하다.

비교해서 송구한 마음이지만 나는 그 가능성을 미국 유학 중에 보았다. 선생님들이 평가 결과를 교육청에서 지원하는 교육포털사이트에 올리면 학부모들은 그 사이트에 접속해서 학생의 모든 수행평가 결과를 확인할 수 있다. 우리의 대국민 나이스 지원 서비스 같은 개념이다. 그런데 미국의 그 사이트는 그야말로 전체를 공개한다. 학생이 교과마다 수행평가마다 치른 그 결과를 그대로 사이트에 올리는 것을 다 볼 수 있다. 굳이 통지표나 성적표를 따로 출력해서 보내지 않아도 된다. 궁금하면 학부모가 직접 들어가서 보면 된다. 이런 시스템을 만드는 일은 우리나라 같은 정보화 강국은 문제도 아니다. 공교육에 관한 빅데이터 센터를 설치하고 공공데이터를 개방하면 된다. 다만 정보공개에 대한 개념이 개방적이어야 하고, 모든 선생님이 평가 결과를 일일이 기록해야 하는 수고로움을 감내해야 한다. 그러나 그렇게 해서 학부모들이 우리 교육에 대한 신뢰를 회복할 수 있다면 얼마든지 그렇게 해야 한다고 본다.

교육 혁신에 대한 학부모의 요구

어느 날, 혁신학교 12년 차에 접어든 교장으로서 참 민망한 학부모 민원을 받아야 했다.

1학년 학생인데 선생님이 복도에서 손을 모아서 잡고 걸어가는 훈련을 시켰다는 이유로 이게 무슨 교육 혁신이냐고 항의를 받았다. 시대가 어느 시대인데 아직도 학생들을 그렇게 훈육하듯이 가르치냐는 것이었다.

선생님께 여쭈었더니 아이들이 워낙 복도에서 뛰어다니는데 그날따라 비가 와서 젖은 복도에서 뛰면 위험하기에 더욱 걸어 다닐 수 있도록 교육했다는 것이다. 잘하셨다고 했다.

일부 학부모들조차 교육혁신은 아이들을 그저 자유롭게 놀게 하고 체험학습을 많이 다니게 하는 것으로 인식하는 경향이 있다.

기본적인 예절을 가르치고, 기초 학력을 기르는 일과 같이 학교 교육이 해야 할 일은 당연히 계속되어야 한다. 뭘 어떻게 혁신할 수 있는 일이 아니다. 다만 교육의 내용이 아닌 방법을 새롭게 바꾸어 가는 일임을 알려야 한다.

물론 혁신이라는 말은 완전히 새롭게 바꾸겠다는 뜻을 지니고 있다. 그러나 교육은 본질적으로 지녀야 할 기본이 있다. 교육의 무엇을 혁신해야 하는지에 대한 국민적 합의가 있어야겠다는 생각이 들었다. 거창하게 말했지만, 간단하게는 학교에 학부모회가 설립되었고, 학부모회가 자체적인 행사와 교육을 한다면 교육 혁신에 대한 이해를 같이 가질 수 있도록 부모교육과 함께 학교와 소통을 해야 한다는 말이다.

기초 학력 책임 교육

기초 학력이란 흔히 초등학교 3학년 수준의 학력을 가지고 국어에서 말하기, 듣기, 읽기, 쓰기와 수학에서 기본적인 셈하기와 같은 연산을 할 수 있는 능력을 말한다. 학교는 4학년부터 매년 기초 학력 진단 평가를 통해서 이 정도의 학력은 누구나 갖출 수 있도록 노력하고 있다.

그러나 문제는 많은 학생이 아직 이 정도의 기초 학력을 갖추지 못해 어려움을 겪고 있다는 것이다. 그래서 학교는 진단 평가 결과를 바탕으로 여러 노력으로 부족을 메꾸기 위해 노력하지만 정작 문제는 이 정도의 학습 부진이 매우 총체적인 난국이라는 것이다.

가정의 보살핌과 유아 시절의 결핍까지 정서적, 환경적, 개인적인 문제가 복합적으로 작용하여 심각한 학습 부진을 갖는 것이다. 따라서 책임지고 기초 학력을 쌓게 하는 학교의 역할은 그 부진의 원인을 찾고 필요한 부분을 지원한다. 교육의 복지는 이러한 기회 불균형을 찾는 일부터 하지 않으면 결코 쉽게 해결되지 않는 일이다.

2. 다양한 요구를 충족시키려면 다양해야 한다

지역별 우수고는 왜 필요한가?

우수고 설립의 문제는 교육자들이 가지는 교육철학과 가치의 문제이다. 흔히 말하는 수월성이냐 평준화냐는 개념부터 생각해 보아야 한다.

수월성이란 남들보다 뛰어나고 우월한 능력을 가진 피교육자에 대하여, 그 능력을 개발하려는 교육이나 교육 프로그램을 말한다. 반면에 평준화 정책은 교육의 평등성 실현이라는 이념 아래 고교 간 교육격차를 완화하여 고교 교육의 균등화를 추진해 온 정책이다. 물론 지금은 평준화 정책이 교육 권력 세력의 철학으로서 추진되어 오고 있다. 예를 들어 '자사고 폐지'와 '평준화로의 전환', '혁신학교 확대' 정책 같은 것이다. 그러나 문제는 그러한 정책이 결과적으로는 '하향평준화'를 초래하였다는 것이다.

여수에 사는 지인이 자녀를 화순에 있는 능주고에 보낸다고 했다. '아니 여수는 고등학교가 없나? 왜 여수에서 그 먼 화순까지 학교를 보내야 하나?'라고 물었다.

그러나 부모라면 자녀가 좀 더 좋은 고등학교, 그러니까 조금이라도 우수한 교육을 받게 하고 싶은 것이 부모의 마음이다. 전남에서는 장성고, 해룡고, 능주고와 같은 사립고등학교들이 공부를 열심히 시키고, 조금이라도 좋은 대학에 진학시키는 것으로 유명하다. 따라서 부모들은 자녀들을 그곳으로 입학시키기를 원한다.

한창 서울과 전북에서 자사고와 같은 특목고를 없애는 문제로 시끄러울 때, 우리 전남은 그렇게 논란을 벌일 고등학교조차 없다는 생각이 들었다. 왜 전남의 특목고는 경쟁력이 약할까? 그동안 야심 차게 추진했던 거점형 고등학교는 어떻게 된 것인가?

광주, 전남이 결코 공부를 못 하는 곳이 아니었다. 과거에는 오히려 전국적으로 공부를 잘하는 곳으로 분류되었었다. 지역마다 평준화 이전에는 지역의 명문고들이 있었다. 목포에는 목포고, 순천에는 순천고, 여수에는 여수고, 그러나 지금은 예전만 못하다. 전체적인 하향 평준화를 만들었다. 그러다 보니 대학을 진학하는 성적이 예전만 못하다. 아마 수시 입학이나 지역 특혜를 주는 전형이 없었다면 그나마도 대학을 입학하는 비율은 더욱 떨어졌을 것이다. 문제는 그 이상이다.

언젠가 전남대 교수님 한 분이 전남교육에 관해 큰 걱정을 하면서 물

교육의 바른길, 우리 함께 갑시다

었다. 도대체 학생들이 왜 이렇게 공부를 못 하느냐는 것이었다. 무슨 소리인가 하고 물었더니 학생들이 수시 전형을 통해서 그러니까 고등학교 내신 성적을 바탕으로 대학에 입학은 했는데 학력이 너무 낮아서 대학 수학능력이 떨어지고 결국 영어나 학과 점수가 낮아서 취업을 못 한다는 것이다. 지방 대학을 나와서 취업을 못 하는 것이 아니라 학력, 능력 자체가 떨어진다는 것이다. 우리 학생들 실력이 그렇게 떨어지느냐고 물어볼 수밖에 없었다. 취업에 기본인 영어 실력이 너무 형편없어서 취업의 장벽을 못 뚫는다고 그분이 고등학교의 수업 형편을 내게 물어보았다.

평준화는 왜 전체 평균을 올리는 것이 아니라 낮출까? 여기에는 인간의 기본적인 특성부터 고민해야 한다. 반두라의 사회학습모델이론이나 비고츠키의 비계설정이론을 보면 사람은 모델링과 동역자의 조력으로 발전을 이루는 것을 알 수 있다. 결국 친구 따라 강남 가는 것이다. 공부 잘하는 학생들이 모여서 서로 경쟁하고 자극을 주면서 더욱 발전해야 하는 구조가 없으니 자극을 못 받는다.

시골 학교에서 학생 수가 적은 곳의 문제는 바로 그런 자극이 전혀 없다는 것이다. 여기에는 공부를 하나의 재능으로 봐야 한다는 철학이 필요하다. 실제 많은 다중지능 중에 하나의 재능일 뿐이다. 그러니 수학이나 언어와 같은 영역에 재능을 가진 학생들은 공부를 잘하는 능력을 키울 수 있도록 격려해야 한다. 그것이 경쟁 사회를 조장한다고 핏대를 올릴 일이 아니라 진정으로 마음 깊은 곳에 자녀를 생각하는 자신의 태도를 정직하게 볼 일이다. 그리고 감정을 벗어나서 합리적인 논리로 진보적인 태도를 보여야 한다. 우선 정직하면서 말이다.

교육의 궁극적인 목적은 모든 학생이 각자 가진 잠재적인 능력, 적성, 소질, 재능 등을 최대로 발현시켜 자아실현을 이루도록 하는 것이다. 이러한 교육목표를 이루기 위해서 우리가 평등교육을 해야 한다고 이야기를 하는데, 모든 학생에게 똑같은 방식으로 똑같은 내용의 학습 기회를 제공해 주는 것이 평등교육이 아니다.

학생 각자가 지닌 어떤 특성, 소질, 흥미, 잠재능력들이 정말로 잘 발현될 수 있는 학습의 조건, 학습의 방법, 학습의 기회를 제공해 주는 것이 진정한 의미에서의 평등교육이라고 할 수 있다.

그러기에 수월성교육과 현재의 평준화와 같은 평등교육이라 하는 것은 서로 상치되는 개념이 아니고, 오히려 상보적인 개념이라 생각한다.

전남이 권역별, 지역별로 우수고등학교를 설립하고 지원하는 일은 인재 양성을 기대할 수 있고, 교육 수요자인 학부모와 학생의 요구에 부응하는 일이다. 나아가서 전남의 인구 유입을 기대할 수 있다. 학생과 학부모의 교육 선택권을 보장하기 위해서도 우수한 고등학교들이 필요하다. 해외 다른 선진국 사례를 보더라도 수월성교육을 수요자의 교육 선택권으로 존중하여 우수한 학교를 운영하고 있다.

10여 년 전 세계은행의 보고서는 우리나라 교육에 대해서 이렇게 지적을 했다. 교육 기회 확대는 성공했다. 그러나 교육의 질 그리고 학교 교육과정이 각 개인에게 의미가 있는 것이냐 또는 사회적으로 적합하다고 할 수는 없다.

재능이라는 것은 예술, 체육 등 다양한 분야에 걸쳐져 있다. 따라서 그러한 재능을 가진 학생에게 우리 교육이 그 재능을 가장 발달할 수 있도록 키워 줄 수 있다면 그러한 교육을 '수월성'이라고 규정할 수 있다.

가령 국악 영재는 국악고로, 예술 영재는 예술고로 보내야 하는 것처럼, 수학이나 언어 영재는 그런 재능을 더욱 키워 주는 학교로 보내는 것이다. 결과적으로 재능을 가진 인재가 많이 배출되어야 우리 지역은 물론, 국가의 경쟁력에도 도움이 되고 교육적으로도 성공한 교육이라고 생각한다.

어느 현직 교육감이 '나는 경쟁 사회를 조장하는 특목고에 반대하지만 내 자녀는 우수한 고등학교에 가기를 바라는 마음으로 보냈습니다.'라고 낯 두껍게 고백을 했지만, 그것이 바로 부모의 마음이다.

따라서 지역별로 경쟁력을 갖춘 명문고를 육성하고 공부에 전념하는 학생 문화 개선에 나서야 한다. 그리고 행정적 측면에서 인사행정을 개혁하여 능력 있는 교장이나 선생님들이 그곳에서 장기적으로 근무하면서 학교 문화와 풍토를 바르게 정립하고 지역의 발전을 유도할 수 있는 바탕을 마련해 주어야 한다.

고등학교마다 공부하는 학생 문화, 학력을 책임지는 학교 문화 조성이 필요하다. 미래사회로 가는 길목에서 우리 사회가 아직 과정 중심 평가 보다는 결과 중심의 평가로 입시나 좋은 직장이 결정되는 시대이기 때문이다. 시대의 변화에 발맞추어야 하지만 사회 구조가 아직 변화하지 않았는데 아이들을 실험의 볼모로 삼아서 한 번뿐인 인생의 직업을 구할 수 있는 시기에 공부하지 않고 다른 일을 하다가 시간을 낭비하게 할 수는 없다. 이상만을 꿈꾸다 현실을 제대로 못 보고, 적응하지 못 하는 일이 있어서는 안 된다는 말이다.

분명히 역량 중심의 사회로 가야 하는 것이 옳고 맞다. 그러나 지금은 병행해야 하는 과도기이다. 시대의 흐름과 변화의 과정을 잘 읽어서 우리 아이들이 피해를 보지 않도록 해야 한다는 말이다. 그래서 과도기에 공부를 시킬 수 있는 학교라도 분위기를 허락해 주어야 한다. 수요가 있기 때문이다. 그리고 사회의 평가 제도가 점점 바뀌면 학교도 그에 맞추어 변화하면 되는 것이다.

역차별받는 도시 학교

면 단위 소재 소규모 학교에 비해서 상대적인 역차별을 겪고 있는 읍이나 도시 소재 대규모 학교의 혜택을 특별히 늘려 줄 필요가 있다.

대표적으로 학급당 학생 수 기준을 조정해서 도시 학교의 콩나물 교실을 해소하고 적정 규모의 학급당 학생 수를 통해 교사의 부담을 줄이고 학생 교육의 질을 높여야 한다. 이는 도시는 한 교실에 너무 많은 학생이 있어서 힘들고, 시골의 작은 학교는 한 교실에 너무 적은 학생이 있어서 힘든 문제를 서로 조정할 필요가 있다는 말이다.

　예산의 사용에서도 모든 교육 운영비를 학부모들이 부담하는 도시 학교에 비해서 시골 학교의 운영비는 넘쳐서 학생들이 아무것도 부담하지 않는다. 도시의 인프라를 누리고 산다는 이유로 도시의 학부모들은 너무 큰 비용을 지불하고 있다. 예산의 재조정은 인력 배치나 선택과 집중의 방법으로 시골이나 도시나 같은 혜택을 누릴 수 있는 방향으로 조정돼야 한다.

　학생 수를 기준으로 학교 기본 운영비 책정의 기준이 조정돼서 도시 학교의 기본 운영비를 획기적으로 늘려야 한다. 시골의 소규모 학교들은 협력학교 운영 시스템을 단계적으로 확충하여 불필요한 개별 행사를 줄이고 함께 모여 진행하는 유기적인 모습이 필요하다.

사교육을 능가하는 공교육의 방향

　금수저 흙수저 구별이 있다. 예전에는 비록 흙수저로 태어나서도 교육을 통해 계층을 넘어설 수 있었다. 이런 교육의 사다리 역할이 우리 사회

에서 점점 사라지고 있는 것에 대해서 우려의 목소리가 높다.

대학입시를 준비하면서 자기소개서 하나를 쓸 때도 금수저로 태어난 어떤 학생들은 사교육의 혜택을 받을 수 있는 경제적 능력이 있는 부모가 컨설팅해 주고, 전문적인 자기소개서를 작성해 준다. 학생의 이야기와 요건을 만들어 주는 것이다. 그러나 그런 관심과 능력이 없는 부모를 둔 학생들은 그야말로 스스로 알아서 준비해야 한다. 이것은 바람직하지 못하다고 본다.

대학 수학능력시험은 대학입시와 직결되고 아이들의 장래가 달린 문제이다. 부모님들은 결국 '우리 자녀가 어떻게 살아가느냐' 하는 미래의 직업과 진로에 대해서 지대한 관심을 가질 수밖에 없다. 그러다 보니 학부모들은 공교육을 불신하고, 더욱 결과 중심에 효율적인 사교육, 학원에 의존할 수밖에 없다.

사실 전남과 같은 지방일수록 학교가 더욱 공교육의 역할을 분명히 해 주어야 한다. 왜냐하면 기댈 수 있는 사교육의 질적인 역량이 대도시에 비해서 약하기 때문이다.

그래서 교육의 정책들이 교육의 본질에서 벗어나서는 안 된다. 가령 예를 들어 우리 몸을 건강하게 유지하기 위해서 식사를 잘해야 한다. 식사의 기본은 삼시 세끼 먹는 밥이다. 그런데 밥보다는 라면을 먹고, 가끔 치킨을 시켜 먹기도 하지만 가장 먼저 밥에 집중하여야 한다.

교육의 바른길, 우리 함께 갑시다

교육에서 밥과 같이 학력을 키울 수 있는 역할을 하는 것은 바로 교실에서의 수업이다. 교실 수업은 교사와 학생이 만나서 상호작용을 일으키는 장이고, 학생 교육에 매일 가장 많은 시간을 투자한다. 결국 그 수업을 통해서 학생들의 학력이 길러지는 것이다. 따라서 교육혁신의 핵심은 교실 수업을 어떻게 혁신할 것인가, 선생님들의 수업 능력을 어떻게 향상하고, 학생들이 수업에 집중하여 진정한 배움이 일어나게 할 것인가에 집중되어야 한다. 그리고 당연히 교육청의 정책도 교실 수업 개선에 방향을 맞추어야 한다. 그런데 교육 외적인 것에 집중하면 그것이 바로 밥보다는 라면을 어떻게 만들 것인가 치킨을 어디서 시킬 것인가에 집중하는 느낌과 같은 것이다.

가령 농산어촌 유학이니, 마을학교니 하는 체험학습은 학교 수업의 극히 일부일 뿐이다. 정책이 교육 본질이 아닌 홍보를 위해서 학생보다 지역민에게 유리한 내용을 자꾸 부각해서는 안 된다. 가장 중요한 것은 학교 현장이고, 학교에서도 바로 교실에서 선생님과 학생이 만나는 순간을 어떻게 지원할 것인가에 초점을 맞추어야 하는 것이다.

사교육을 능가하는 공적 컨설팅 서비스

사립학교법 개정으로 또다시 정치판이 시끄러웠다. 그동안 사학 재단에서 자체적으로 선발하던 교사 임용권을 교육청이 가져간다는 것이 요지다. 사학 입장에서는 건학 이념에 맞는 선생님을 선발하겠다는 것이고, 정부 입장에서는 국가 입장에 맞춘 선생님을 선발해서 공립학교이든, 사립학교이든 일정한 수준을 맞추겠다는 것이다. 여기서 하나 짚고 넘어가고 싶은 것은 임용고사가 결코 수월한 시험이 아니라는 것이다. 한 마디로 만만하지 않다. 꽤 어려운 과정의 공부와 시험이 기다리고 있다. 그러다 보니 선생님으로 임용되는 분들의 실력이 상당하다. 몇 번의 도전으로도 임용고사를 통과하기 어려운 것이 현실이다. 그러다 보니 포기하고 학원가로 가서 강사를 하는 분들도 꽤 있다. 물론 교사 중에서 경제적인 효율성을 따져서 학원 강사로 전업을 하는 일도 있고, 그래서 성공했다는 후일담도 들었지만, 대부분은 임용고사를 포기하고 학원으로 가는 경우가 많다. 그렇다고 치면 학교의 선생님들이 학원의 강사 선생님들보다 능력이 출중하고 더 잘한다고 인식이 되어야 하는데 현실은 그렇지 못하다. 왜 그럴까?

효율을 추구하는 학원과 노력에 상관없이 호봉제로 알아서 월급을 주는 학교와의 시스템 차이라고 본다. 교원성과급제도가 있지만, 유인책이라고 하기에는 너무 미미하다. 따라서 교원 중에서 소위 스타 교사를 발굴하고 진로 진학에 전문가로 자리매김할 수 있도록 정책적 지원이 필요하다고 본다. 인사에서의 우대, 경제적인 혜택을 유인책 차원에서 보장해 주고 전문가로서 성장할 수 있는 지원을 아끼지 않는다면 선생님들의 자질로 볼 때 충분히 사교육의 컨설팅을 능가하는 선생님들로 성장하기에 충분하다.

공교육에서는 선생님들에게 월급을 준다는 이유로 너무 헐값에 부려

먹는다. 교재를 만들어도, 컨설팅을 해도, 강의를 해 주어도 그냥 공짜다. 선생님들에게 확실한 인센티브 제도를 만들어서 그들이 신명이 나서 우리 교육의 시스템을 발전시킬 수 있도록 정책적인 배려에 나서야 한다. 진로진학지원센터에 파견 근무를 와서 전적으로 그 일에 매달릴 수 있도록 지원과 배려를 해서 시골이나 중·소 도시나 어디에서나 우리 아이들이 대도시 학원 컨설팅에 못지않은 서비스를 교육청 차원에서 제공할 필요가 있다.

브랜드 학교

환경을 집중적으로 가르치는 학교, 예술에 특화된 학교, 특성화 고등학교뿐 아니라 과학고, 외고처럼 초, 중, 고등학교가 자신만의 브랜드를 가질 필요가 있다. 보성에 있는 용정중학교는 전국적으로 명성을 얻어서 입학을 원하는 학생들이 줄을 선다. 그런데 그 브랜드를 유지하기 위해서 필수적인 요소가 바로 사람이다. 교원들이 바뀌면 학교의 문화와 풍토가 달라지기 때문이다. 교장 하나 바뀌면 분위기가 완전히 달라진다. 그래서 특성화를 유지하기 위해서는 인사정책과 같은 교육청 차원의 정책이 뒷받침되어 주어야 한다. 무조건 순환인사가 정답은 아니다. 지역에 맞는 인사정책이 개발되어야 할 이유이다.

학교든 개인이든 이제 미래 사회에서 살아남기 위해서는 선택과 집중밖에 없다. 특성화만이 방법이다. 그것이 다양한 요구를 분출하는 현대 사회에서 다양성을 가지고 맞추어 주는 방법이다. 현대가 가진 교통과 통신의 발달을 최대한 활용하는 방법으로 우리는 다양성을 확보할 수 있다.

고교학점제에 대해서 교사의 자격체제를 고수하는 방식으로는 절대 목적을 이룰 수 없다. 얼마나 다양한 교육과목과 과정이 있는데 그것을 모두 공교육의 틀 안에서 마련할 수 없다. 결국 민간이 함께 협조하는 방식으로 가야 하고 그렇게 다양한 요구를 충족시키기 위해서는 민간에게 교육 일부분을 담당시켜야 사실은 가능한 일이다.

고교학점제와 같은 제도를 안착시키려면 기득권만 고집해서는 안 되는 부분이다. 먼저 강사들이 많아져야 한다. 마을 학교뿐 아니라 사설 학원의 강사들도 일반인들도 특성에 맞는 교육을 할 수 있다면 적극적으로 받아들여서 학교가 다양한 내용을 수용하고 가르칠 수 있어야 성공할 수 있는 제도이다.

그리고 특성화 학교는 전국적으로 유명해질 필요가 있다. 더욱 강력하게 특성화시켜야 한다. 가령 바둑으로 성공하고 싶은 학생이 있다면 순천으로 와서 바둑중학교와 바둑고등학교를 다니고 싶게끔 만들어야 한다. 국악은 어느 학교를, 실용음악은 어느 학교에 다니고 싶게끔 만들어야 한다. 그것이 다양성을 추구하는 미래 사회에 지역의 학교가 발전하는 방식이 되어야 할 것이다.

교육의 바른길, 우리 함께 갑시다

정책적으로 학생들의 전학, 편입학에 편의를 마련하고, 교사들의 근무 여건을 바꿔주면서 어떻게든 학교가 발전할 수 있는 방향으로 행정은 지원해야 한다. 형평을 따지고 차별을 따지고 이것저것 따지는 의견을 때로는 무시하고 미래지향적으로 나아가기 위해서 강력하게 대처해 나가야 한다.

III. 수많은 복지 중
왜 아침밥인가?

1. 아침, 방학 중 급식

공부? 아침 식사 제공부터 시작하자

우리 어른들 정서에는 정을 표현하는 방법으로 밥을 제공하는 습관이 있다. 부모님이 지어 주신 따뜻한 밥 한 그릇, 그것이 사랑이고 정이었다. 학생들도 우선 아침부터 먹이는, 안정된 생활이 필요하다. 그 많은 복지 중에서 왜 아침밥이냐고 묻는다면? 사람이 활동하는 기본이 몸이 건강한 일부터 시작이다. 학교도 안전과 건강을 바탕으로 하고 공부를 시작해야 한다. 건강을 위해서 그 몸을 유지하는 데 기본인 식사를 거르면 모든 시작을 못 하기 때문이다.

그런데 우리 학생들의 실태를 보면, 아침에 늦잠을 자서 아침 식사를 못 하고, 부모님들이 바빠서 형편상 아침을 준비해 주지 못 해서 학생들이 굶기도 한다. 가장 안타까운 사정은 가정 여건상 아침을 먹을 수 없는 경우이다. 이러저러한 사유로 상당히 많은 학생이 아침 식사를 하지 않고 등교를 한다.

그래서 아침 식사의 중요성부터 다시 상기시켜 본다.

우선 공부하는 학생은 두뇌의 기능이 중요하다. 아침 식사는 뇌의 기능을 향상한다. 왜냐하면 뇌는 포도당을 에너지원으로 삼는다. 아침 식사를 거르면 뇌에 혈당 공급이 안 되고 뇌 신경이 둔해져서 집중력과 사고력이 떨어진다고 연구 결과는 보고하고 있다.

반대로 아침 식사를 하면 포도당이 뇌 활동을 활성화해서 학생들 학습 능력을 향상하고, 암기력은 물론 이해력을 비롯한 학습 능력이 향상되기 때문에 아침 식사는 특히 공부하는 학생들에게는 꼭 필요한 식사 습관이다.

우리 몸속 장기들은 규칙적인 식사를 해야 제 기능을 한다. 아침 식사를 거르고 바로 점심을 먹으면 배고픔으로 폭식 또는 과식을 하게 된다. 그래서 아침 식사를 조금이라도 해야 불규칙한 식습관에서 벗어날 수 있으며 과체중이나 비만에 걸리지 않는다. 이처럼 아침 식사는 소화 기능도 향상시킨다.

아침 식사를 하지 않으면 전날 저녁 식사 이후 10시간이 넘는 공복을 참아야 한다. 하지만 아침 식사를 하게 되면 배고픔으로 인해 간식을 찾는 일도 없어지고 집중력 향상으로 오전의 학습 활동이 잘 이루어진다.

미국 하버드대학의 연구에 따르면 아침 식사를 건너뛰면 공복 스트레

스로 인해 혈압, 혈당을 유지하는 호르몬의 변화로 심장 질환에 걸릴 확률이 남성의 경우 27% 높아진다고 한다. 건강에 중요한 면역력 유지를 위해서는 체온 유지가 중요하다. 수면 중 몸의 체온이 떨어지는데, 체온이 1도 떨어지면 면역력이 30% 이상 저하된다. 그런데 아침을 먹고, 소화하는 과정은 자는 동안 떨어진 체온을 올려 주는 역할을 해서 우리의 면역력을 지켜준다.

우리는 배가 고프면 사소한 일에도 짜증을 내기 쉽다. 그 이유는 배가 고플 때 우리 몸의 혈당 수치가 낮아지면서 피로를 느끼고 쉽게 화가 나게 되는 것이다. 아침을 먹지 않는 것으로도 뇌에서 생성되는 세로토닌, 도파민 같은 신경전달물질의 균형이 깨져서 안 좋은 컨디션으로 오전 시간을 보내 버리게 된다.

결국 아침에 모든 영양소가 포함된 식사를 하게 되면 오전에 정신이 맑아지며 피로를 덜 느끼게 된다. 이토록 중요한 기능을 하는 아침 식사를 아이들이 가정환경에 따라서 못하는 것은 일종의 기울어진 운동장이 되는 것이다.

평등이란 기회균등이 되도록 개선하는 일이다. 기회보다 결과의 균등을 맞추려고 하다 보면 공정성에 시비가 생기는 것이다. 결국 과정은 각자의 몫이다. 그러나 시작하는 선상에서 기회가 불균등하게 주어진다는 것은 안타깝고 억울한 일이다.

교육의 바른길, 우리 함께 갑시다

학생들이 매일 하루를 시작하는 순간마다 가장 많은 학습이 이루어지는 오전 시각을 맞이하면서 학생마다 가정환경 형편에 따라 아침 식사를 든든히 먹고 온 학생과 그렇지 못한 학생이 있다는 것이 불평등하다는 것이다. 학생마다 두뇌와 몸의 준비가 다른 상태로 시작한다는 것이 안타까울 따름이다. 그래서 가정 형편에 따라 아침 식사를 거를 수밖에 없는 아이들에게 학교에서 아침 식사를 제공하겠다는 것이다. 그것부터 학력도 역량도 기를 수 있는 교육활동의 시작이 되어야 한다.

방학 중 급식이 시급하다

초등학교에서 지내다 보면 초등학생들은 신체적 성장이 순간순간 눈에 보일 정도로 빠르다. 한 해 한 해가 다르다. 그런데 초등학교는 여름 한 달, 겨울 두 달의 방학이 있다. 상식적으로 생각하면 아이들이 보통은 방학 때 온종일 집에서 쉬면서 간식까지 챙겨 먹으니 방학 동안 더 살이 통통해져서 올 것 같은데, 실상은 그렇지 않다. 겨울방학 같은 경우 두 달이 지나서 3월쯤 보면 비쩍 마른 아이들이 보인다. 집에서 끼니를 제대로 챙겨 주지 못하는 것이다.

도시에서도 대부분 맞벌이 부부가 많은 상황에서 아이들은 돌봄교실이나 학원을 전전한다. 그러니 먹는 것이 부실하다. 학교는 요즘 별도의 방학이 없다. 방과후 학교와 돌봄교실이 1년 내내 운영되니 방학 중에도 아이들이 항상 온다. 그런데 평소 같으면 돌봄교실에서도 점심을 먹고 갈 텐데, 방학 중에는 점심시간에 아이들이 통학차를 타고 하교를 해야 한다. 집에서 늦은 점심이라도 챙겨 먹으면 다행이지만 집에 부모님이 계시지 않는 경우는 아이들이 걱정스럽기만 하다. 왜냐하면 방학 중에는 학교에서 급식을 시행하지 않기 때문이다.

그런데 문제는 방학 중에 급식실이 텅 비었느냐 하면 그렇지 않다는 것이다. 방학 중에도 급식실에 조리 인력은 그대로 있다. 흔히 조리사나 조리실무사님들이 학교 비정규직으로 근무하는데 그분들의 생활 안정, 즉 급여를 높이는 방법의 하나로 근무 일수를 늘렸기 때문에 방학 중에도 출근을 하는 것이다. 그런데 급식을 하지 않고 있다. 인력이 있고, 시설이 있는데도 하지 못하는 것은 의지의 문제다. 그냥 하면 된다.

그 어떤 복지보다도 먹지 못해서 오는 서러움이 없도록 신청하는 아이들에게는 방학 중에도 급식을 제공해야 한다. 방학이 예전 같은 방학이 아니기 때문에 교육의 의무 차원에서 방학 기간도 평상시와 같이 교육과 생활지도가 이루어지기 때문에 방학 동안 급식만이 쉴 명분이 약하다. 당장 법 제도를 정비하고 예산을 마련하여 방학 중 급식이 이루어지도록 해야 한다.

학교급식지원센터가 필요한 이유

친환경 급식 재료, 즉 먹거리를 제공하는 것은 매우 중요한 문제이다.

그런데 이것도 엄연한 수익을 창출하는 사업이라 제공하는 처지에서는 경제적 이익이 있어야 한다. 그런데 전남의 농어촌 학교가 가지고 있는 가장 큰 문제는 줄어드는 학생 수이다. 작은 학교에서 학생 수가 워낙 적다 보니 급식 재료를 제공하는 업체에서는 이해타산이 맞지 않는다. 그래서 학교마다 급식 재료를 다양하고 풍성하게 구하는 데 어려움을 겪는다.

이 문제 역시 행정업무 거점과 비슷한 개념으로 접근해야 한다. 가난하고 부족한 환경에서는 자꾸 자원을 펼칠 것이 아니라 모아서 준비해야 한다. 즉 선택과 집중을 잘해야 한다는 말이다. 인근의 작은 학교들이 필요한 재료를 모아서 한꺼번에 주문하는 시스템을 갖출 필요가 있다. 아침을 간편식으로 제공한다면 포장해서 배달하는 시스템을 갖추어야 한다. 모든 학교가 별도의 급식실을 가지고 있을 필요도 없다. 또 모든 학교가 각기 다른 식단을 작성해서 준비할 필요도 없다. 군 단위에서는 통일된 식단과 함께 준비하는 재료로 훨씬 다양하고 양질의 먹거리를 마련할 수 있다.

지역적으로 학교급식지원센터가 마련되어서 면 단위의 작은 학교들의 부식 제공 및 급식 제공의 어려움을 덜어줄 수 있고, 현재 중심학교에서 하는 영어체험교실처럼 영양체험교실도 센터에 마련하여 모든 학교가 별도의 영양체험교실을 마련하지 않고도 교육을 받을 수 있도록 집중해야 한다.

우선 기존의 시스템을 충분히 활용하자. 현재도 우유는 무상으로 제공하고 있다. 여기에 간단한 빵, 삼각김밥, 과일 하나 더하는 식으로 아침을 제공하면 될 일이다.

예산의 문제는 생각을 전환해서 해결할 문제이다. 지금의 무상급식도 처음부터 이루어진 것이 아니다. 처음 도입은 신청에 따라서 수익자 부담으로 시작하면 된다. 그리고, 여건을 개선해 나아가면 되는 일이다. 중요한 것은 이 일의 필요성과 당위성, 그리고 하고자 하는 의지이다.

교육의 바른길, 우리 함께 갑시다

2. 교육의 의무 끝까지 간다

사각지대에 놓인 학생을 구해야 한다

교육은 미성취 영재에 대해 주목해야 한다. 미성취 영재란 영재적 재능을 가지고 있음에도 불구하고 어려운 가정환경 때문에 발굴이 안 되고 환경적인 지원을 못 받아서 영재적 성취를 이루지 못하는 학생들을 말한다. 이런 인적자원이 생각보다 많다. 각 지역의 영재교육원은 가정의 지원을 받아서 공부를 잘하는 학생들을 선발만 할 것이 아니라 종합적이고 다각적으로 살펴서 미성취 영재를 발굴하는 노력을 기울일 필요가 있다.

이와 비슷하게 아이들이 혼자 헤쳐나올 수 없는 환경에 놓여 있는 학생들을 학교가 놓쳐서는 안 된다. 학교는 아동의 복지에서 주도적인 역할을 해야 한다고 본다. 하지만 이견이 많을 수 있다. 지방자치단체에서 할 역할과 교육자치를 하는 학교에서 할 역할이 따로 있다고 말이다. 그러나 교육을 담당하는 교육자로서 어쩔 수 없는 도덕적 책임이 어른인 우리에게 존재한다. 교육청은 이 역할을 외면해서는 안 된다.

가정불화나 빈곤의 늪에서 어려움을 겪는 가정의 아이들에게 학교는 어떤 역할을 해 줄 수 있을 것인가 고민해야 한다. 학생들이 학교에서 아무런 희망을 발견하지 못하고 중도에 학교를 그만두는 것을 방치해서는 안 된다. 반드시 아이들의 사정을 자세히 살펴서 구제하는 일에 집중해야 한다. 가령 기숙형 학교들을 일부 대안학교로 전환하여 복지 차원에서 학생들이 생활에 어려움이 없이 학업을 이어갈 수 있는 제도적인 장치를 마련해야 한다.

가정 형편에 따라서 분명히 구분해야 한다. 또한 필요에 따라서는 학교급이 초등학교에서부터 시작될 수 있어야 한다. 사실 어린아이들일수록 가정의 보살핌이 절실한데 스스로 대처하지 못하는 어린아이를 방임하고 학대하는 경우 학교가 도와주어야 한다.

현재 사회적으로 많은 시설이 마련되고 있지만 궁극적으로 교육은 학교의 몫이 되어야 하기 때문이다. 밥 먹는 것도 중요하지만 아이들이 편히 쉴 곳도 필요하기 때문이다. 정서적으로 육체적으로 쉼이 필요한 아이들을 수용할 수 있는 시설을 갖추는 일에 집중해야 한다. 사회적으로 뜻밖에 사각지대에 놓인 아이들이 점점 늘어날 수밖에 없는 현상이 있기 때문이다.

특수교육지원센터를 지원한다

장애 학생들의 특수교육에 임할 때 가장 기본적으로 고려할 사항은 학부모들의 심리 정서적인 부분을 고려하고 배려하는 일이다. 인간이라면 누구나 자녀에 대한 사랑이 넘친다. 내 아이가 지닌 장애를 그 누구도 탓하지 않고, 사랑과 격려로 극복할 수 있도록 응원하는 일이 우선이다. 따라서 공정한 교육 기회균등을 위해 특수교육에 예산을 늘리고, 교육 프로그램을 확충하는 것은 너무도 당연한 교육의 의무이다.

그러나 현재 특수교육은 도교육청에서 한 과의 한 팀으로만 구성되어서 22개 시군의 특수지원센터를 관장한다.

내가 진도교육청의 장학사로 처음 발령받았을 때 주어진 대표적인 업무가 유아교육과 특수교육이었다.

대학과 대학원을 모두 초등교육만 전공한 나로서는 유아교육과 특수교육 모두 생소한 분야였다. 연계 교육이나, 교양 교육으로서 개론을 수강했던 것이 전부였다. 그러니 새롭게 발령을 받고 나서야 처음으로 유치원 교육과정과 특수교육 교육과정을 읽어볼 수밖에 없었다.

교육전문직의 업무는 특화되고 분화될 필요가 있다. 이런 어려움을 겪지 않도록 하려면 특수교육진흥원을 두어서 각 지역의 특수교육지원센터를 지원하고, 총괄하는 컨트롤 타워를 제대로 갖출 필요가 있다.

도교육청이 정책적 조율에 본부 역할을 한다면 진흥원이나 센터는 각각에 특화된 정책 실행을 담당해야 한다. 특수교육진흥원을 통해서 각 지역센터가 도움을 얻고, 실제적인 교육상담이나 지역의 센터를 지원하는 역할을 부여할 수 있다. 특수교육은 가장 세심하게 학생과 학부모를 배려해야 할 부분이고, 또 선생님들 또한 힘들게 근무하는 여건을 고려해서 충실히 지원해야 할 부분이다. 따라서 특수교육진흥원이 가장 먼저 설립되어서 전체적인 지원을 원스톱으로 일관성 있고 신속하게 지원할 수 있도록 준비해야 한다.

다문화 지원 지자체와 협력이 필수다

다문화, 새터민, 그리고 경제적인 약자와 같은 소외계층의 교육투자에 집중하는 이유는 미래 세대의 기회비용을 절감하기 위해서이다.

한 아이가 성장하여 사회에 선한 영향력을 미치는 사회의 구성원이 되는 것과 반대로 사회에 해악을 끼치는 구성원이 되는 것은 엄청난 결과를 초래한다. 그 해악을 복구하는 사회적 비용은 교육투자 비용을 훨씬 능가한다.

다문화 교육의 어려움은 국제결혼을 통해 우리 사회로 들어온 외국인들이 우리 언어를 사용하는 데 어려움을 갖는 경우가 많기 때문이다. 아직 한국어가 익숙하지 않을 때 자녀를 낳고 그 자녀들이 유치원이나 학교에 입학하기 전에 부모의 양육이 절대적인 영향을 끼치는 시기에 불완전한 모국어 습득이 이루어진다. 그리고 국어사용 능력의 부족은 그대로 학습 부진으로 이어진다.

따라서 다문화가정의 교육 지원을 생각할 때 미취학 아동의 가정, 그러니까 소위 예비 학부모들의 문해교육, 자녀교육의 프로그램을 제공해주는 배려가 필요하고 훨씬 효율적이다.

그러나 예비 학부모들의 교육이다 보니 학교의 영역 밖의 일이 된다. 최소한 유치원에 다닐 나이가 되어야 학교 제도적 영역 안으로 들어오는데 교육학적 이론으로 따지면 그 나이가 되기 전에 모국어 습득은 끝나는 데 문제가 있다. 따라서 지자체와 협력은 필수적이다. 지자체는 다문화지원센터를 보유하고 있다. 다문화가정의 생활 정착 지원뿐 아니라 교육적 배려를 위해서 교육청이 협력해서 함께 그들의 한국어 습득을 지원할 방안을 마련해야 한다. 그리고 어린 자녀들의 교육을 도울 수 있는 자녀교육 강의 등을 지원해야 한다. 교육과 관련된 일이라면 교육청이 적극적으로 나서서 지자체와 협력하고 지원을 늘려야 한다.

또한 다문화가정 학부모들을 글로벌 교육을 위한 강사로 적극적으로 활용해야 한다. 가장 주목할 것은 이중언어 획득이다.

이중언어 교육의 중요성은 아이들이 성장하여 진로와 직업적 기회의 강점을 갖는 외에도 근본적인 자존감 형성에 영향을 미친다. 부모의 고향, 출신 국가에 대한 자부심과 관심으로 다양한 문화를 흡수하고, 융화해나가는 글로벌 인재로의 성장을 기대할 수 있기 때문이다. 실용적으로도 매우 유리하다.

미국에 가서 살아가는 교포 3세, 4세 가운데 한국어를 전혀 못 하는 사람과 한국어에 능숙한 사람이 갖는 직업적 기회를 고려해 보면 이해할 수 있는 일이다.

동남아는 자원도 많지만, 앞으로도 경제 성장을 기대할 수 있는 지역들이다. 한국은 그들에게 기회의 땅으로 인식되고 있다. 지금도 그렇지만 앞으로도 지역적으로 가까운 그곳이 우리의 시장이 되어야 한다. 그렇다면 한국어도 잘하고 동남아 언어도 잘하는 인재는 매우 소중한 인적자원이다. 외국에 친척을 두고 있는 학생들로서는 문화적 이질감도 적다. 글로벌 인재로 성장할 수 있는 귀중한 장점들을 모두 가지고 있다.

학교는 충실히 교육하고, 지자체는 생활에 필요한 지원을 할 때 서로 협력하고 협조를 아끼지 말아야 한다.

학교 밖 청소년 지원단체와 협력하자

지자체와 협력해서 함께 이룰 수 있는 교육의 역할이 많다. 위기 청소년 지원과 상담을 하는 일에 교육청이 교육전문가들을 지원하여 실제적

인 도움을 줄 수 있다. 대안학교를 안내하고 온라인 학습시스템을 가동하는 등 공부할 나이의 청소년들이 어떻게서든 제도권 안에서 보호받을 수 있는 여러 장치들을 마련해야 한다.

 지자체의 주민 만족도에 교육 서비스는 빠질 수 없는 요소이기 때문에 교육청이 교육자치와 일반자치를 구별하지 않고 서로 협력하는 시스템을 항상 가동해야 한다. 도 단위의 협력 체제뿐 아니라 시장, 군수가 자치제로 운영되는 시, 군 단위의 자치단체와 지역 교육지원청이 항상 협조하는 체제를 유지할 수 있도록 해야 한다.

 각종 청소년 지원센터뿐 아니라 마을마다 있는 아동센터에도 각 지역의 학교가 협력해야 한다. 시설과 인적자원의 협조와 예산 지원도 포함해서 말이다. 그래서 교육과 돌봄이 유기적으로 이루어지는 지역 단위의 교육 시스템이 가동될 수 있도록 하여 24시간 교육의 사각지대가 발생하지 않도록 해야 한다. 이러한 협조가 잘 이루어진다면 학교를 중도에 그만둔 학생이 있을지라도 은연중에 지역 시설을 통해서 학교 교육이 계속될 수 있는 기반이 마련될 수 있다.

학교 방문 사전 예약제 도입
- -

 학교가 마을과 연계하고 협력하면서 점점 강화해야 할 것이 바로 안전과 보안의 문제이다.

미국은 학교 방문이 모두 사전 예약제로 이루어진다. 일단 우리처럼 학교 담장을 없앤다는 것은 생각하기 어렵다. 오히려 무슨 교도소 담장처럼 학교 울타리가 매우 높았다. 문은 항시 닫혀 있었고, 방문이라도 할라치면 아파트 초인종 누르듯이 벨을 울려서 방문 목적과 방문자의 신분을 밝혀야 했다. 이 모든 것이 학생들의 안전을 위한 조치다.

우리는 그 부분에서는 매우 취약하다. 학교는 교문마다 활짝 열려 있고, 심지어 담장을 없애서 어디서든 교정으로 진입할 수 있다. 건물 출입구도 곳곳이 열려 있고, 그러다 보니 외부인이 학교에 들어와서 아무런 제재도 받지 않고, 교장실에 불쑥 들어오는 경우도 많다. 학부모가 원한다면 교실에 직접 들어갈 수도 있다. 건물의 구조나 보안 체제가 그렇게 되어 있다. 우리나라가 총기도 없고, 사회 치안이 잘 되어 있어 안전에 대한 개념이 약해서 그렇지 시설적으로는 너무나도 범죄에 취약한 구조로 되어 있다. 특히 외부인에 대한 경계심이 약하고 순진한 미성년 아이들이 있는 학교급이 낮을수록 더욱 위험한 구조이다.

우선 연차적으로 시설 개선이 시급하다. 학교 담장은 다시 살려야 한다. 그리고 방문자들의 방문 이유와 시간을 항상 점검해야 한다. 방문자들은 당연히 사전에 성범죄 조회 등을 마쳐놓아야 한다. 현대 사회가 갈수록 복잡해지면서 정신 질환자들도 많아진다. 범죄의 수위가 점점 높아진다. 학교가 안전에 온 힘을 다해야 할 당연한 이유다. 단 한 건의 불미스러운 사고도 발생하지 않으려면 조심, 또 조심해서 나쁠 것은 없다.

학교는 학생들의 안전을 위해서 보호자에게 학생들을 인계하는 순간까지 최대한 보호해야 할 의무가 있다. 학생들 개인 정보뿐 아니라 신체적 안전을 위해서 항상 선생님이나 교직원의 눈앞에서 아이들이 있는 시스템을 제도적으로 마련해야 한다. 요즘은 온라인상에서 예약 방문과 신분 조회 등을 얼마든지 할 수 있다. 하루빨리 도입해야 할 제도이다.

학교는 교육기관인가? 돌봄기관인가?

매년 국가사업이나 정책에 대한 대국민 만족도 조사를 보면 항상 1, 2위를 다투는 사업이 예방접종과 돌봄교실이라고 한다. 그러니 정부 입장에서 돌봄교실은 국민의 관심이 높은 매력적인 정책이다.

학교가 방역에 온 정신을 집중하고 있는 때, 갑자기 국회에서 「온종일 돌봄 체계 운영·지원에 관한 특별법」을 발의한다는 관련 공문이 왔다. 예전에는 법안을 발의한다고 다 되는 것이 아니라 그런 공문은 대강 보았는데, 이제는 어느 당 소속 의원인지 확인해서 꼼꼼히 살펴보려고 한다. 잠시 관심을 두지 않는 사이 우리 생활을 근본적으로 바꾸는 법들이 만들어질 수 있기 때문이다. 법안을 읽다 보니 돌봄 계획을 교육부장관이 세운다는 부분이 영 내키지 않는다.

학교에 방과후학교에 이어 돌봄교실이 들어오면서 업무가 점점 많아졌고, 그래서 교육과 돌봄을 구별하여 학교는 본래의 교육과정만을 운영하고, 방과후학교와 돌봄은 학교 밖으로 나가야 한다고 주장하는 의견들이 있다. 그런데 내가 이 법안을 정확히 이해했는지 모르겠지만 왠지 이 법안대로 하면 돌봄이 오히려 학교 안에 견고해질 수도 있겠다 싶다.

교육기관인지 돌봄기관인지 헷갈리는 곳이 있다. 유치원과 비슷하게 운영하는 어린이집이 그렇다. 어린이집은 분명 법적으로 보육 기관이고, 어린이집의 주무 부처는 보건복지부이다. 그러나 영유아보육법에 '보육이란 영유아를 건강하고 안전하게 보호·양육하고 영유아의 발달 특성에 맞는 교육을 제공하는 어린이집 및 가정양육 지원에 관한 사회복지 서비스를 말한다.'라고 하여 교육을 제공하는 일에 대해 그런가 보다 하고 있다. 반면 유치원은 교육기관으로서 교육부가 주무 부처이기에 교육에 온 힘을 다한다.

내가 이 법안을 보면서 주무 부처에 민감한 이유다. 보건복지부가 아닌 교육부가 계획을 세우고 지자체가 도와주는 돌봄은 도대체 교육인지 보육의 개념인지 모르겠다.

이런 법안이 발의되는 상황을 보면 이제는 미래 학교의 역할에 대해서 다시 고민해야 하는 때인 것 같다. 과연 학교는 교육기관인가? 돌봄기관인가? 아니면 교육과 돌봄의 기능은 나눌 수 없는 것인가를 말이다. 오늘날과 같은 융복합 시대에 교육과 보육을 명확히 구분하기도 애매하다.

법적으로나 상식적으로 학교는 분명 교육기관이다. 그러나 코로나 사태를 겪으면서 학교의 역할에 대해 다시 생각해 보게 되었다. 학교가 문을 닫고 학생들이 가정에 머물면서 우리는 학교의 또 다른 진정한 역할을 깨달은 것 같다. 학교에 못 가게 되자 표면적으로야 교육을 제대로 못 받는 아이들에 대한 걱정이 컸지만, 내면적으로 들어가면 당장 날마다 점심을 먹여야 하고, 안전하게 아이들을 맡아서 돌보아 주는 곳이 없어서 전전긍긍했다. 그동안은 학교가 있었기에 마음 편하게 부모들이 나가서 일할 수 있었다. 결국 학교의 돌봄기관으로서 소중했던 역할을 알게 되었다.

그래서 이런저런 이유로 법을 만들기 전에 학교의 본질과 역할에 관한 논의를 사회적으로 함께 했으면 좋겠다. 어떤 법안은 국민적인 관심 속에 수많은 논의를 거치는 반면 국민의 무관심 속에서 발의된 법안들도 일단 채택되면 우리의 삶을 크게 바꾸어 놓는다. 특히 앞으로의 국회에서는 많은 법안이 빠르게 처리될 것이 예상되기에 우리 교육공동체가 국회의원들이 발의하는 교육 관련 법안에도 관심을 가져야겠다.

사람을 이해하는 리더십이란?

정책은 필연적으로 선택을 해야 한다. 리더는 선택하는 결단력이 필요하다. 바로 그때 사람을 바라보는 리더의 철학에 따라서 정책의 방향이 결정된다. 사람에 대한 이해가 깊을수록 바른길을 찾기 쉽다.

사람은 누구나 나약함을 지니고 있다. 완전하지 않다는 말이다. 사람 관계에서 상처받는 일이 많아질수록 사람들은 외로움과 좌절을 느낀다. 그러나 사람은 원래 그렇게 불완전한 욕망의 덩어리다. 그래서 누군가와 관계를 맺고자 할 때, 사람은 사랑하고 이해해 줄 대상이지 믿고 의지할 대상으로 여겨서는 안 된다.

사람은 기본적으로 욕망과 본성이 있다. 그 본성을 누르는 일이 쉽지 않기에 우리는 보통 사람으로 살아간다. 흔히 편하게 살고 싶은 욕망, 부모로서는 자녀를 잘 되게 하고 싶은 욕망, 사람에게는 누구나 인지상정과 같은 욕망이 있다. 그래서 정책을 수립할 때 제도가 이러한 약점을 인정하고 보완해 주어야 하고, 인간의 본성을 고려하고 또 배려하는 선택이 필요하다.

교육에서도 본성을 고려하는 조화롭고 균형 잡힌 교육이 되기 위해서는 이런 사람의 본성을 알고 접근해야 한다.

아동 인권만 지나치게 강조해서는 교사의 교육권이 침해받는 교실 붕괴 현상이 일어날 수 있고, 교사의 자율권만 일방적으로 강조해서 관리자의 경영권이 침해받으면 학교 관리가 어려워질 수 있다. 이런 시각 차이가 인간의 본성을 어떻게 이해하느냐에 따라서 발생할 수 있다.

가령 교실에서 요즘 강화된 아동학대 개념이 지나치게 확대되어 과다한 법 적용을 하게 되면 교사의 교육활동을 위축시켜서 교실 수업 붕괴를 낳는다. 우연히 신문에서 기사를 읽었는데, 교실에서 수업 시간에 엎드려 자는 학생을 건드려서 깨우면 학생이 미안해하는 것이 아니라 "선생님 지금 나를 학대하셨냐?"고 묻는다는 이야기가 나와 있었다. 이래서 어떻게 교육이 되겠는가? 학생의 인권만 강조되고 교사의 교육권이 함께 서지 못하면 교실에서 올바른 교육이 진행되기 어렵다.

학교 경영에서도 교직원이 출퇴근 시간과 같은 기본적인 근무 태도를 지키지 않을 때, 교장선생님이 지도 차원의 지적과 관리 감독을 하는데 "교장선생님 제게 갑질하시느냐?"라고 항변하면 교장이 어떻게 학교 경영을 할 수 있겠는가? 교직원의 자율권만 강조하고 교장의 경영권이 무시 되면 정상적인 학교 경영이 어렵다. 관리자의 입장, 사람의 본성을 이해하지 못하는 편향적 시각을 지니면 학교는 갈등만 남는다.

그래서 조화로움을 강조하고, 인간에 대한 이해를 바탕으로 하자는 것이다. 편하고 싶은 인간의 욕망을 고려해서 관리와 감독이 필요한 것이다. 내가 힘들면 남들도 힘들다는 것을 알기에 근무 여건과 환경을 편리하게 만들고 복지를 늘리는 노력도 하는 것이다. 먼저 사람을 이해하고 접근해야 한다.

교육의 바른길, 우리 함께 갑시다

IV.   아이들에게
친구를 만들어 주자

1. 전남 학생이 먼저다

농산어촌 유학? 전남이 먼저다

코로나 상황으로 대도시 학생들이 학교에 가지 못하면서 시골의 작은 학교에 대한 동경이 커졌다. 마침 서울시교육청의 농어촌 체험학습 제안에 전남교육청이 응하면서 농산어촌 유학이라는 프로그램이 마련되어졌다. 대도시에 밀집된 환경의 아이들이 농산어촌 체험을 하면서 생태교육뿐 아니라 시골 환경을 이해하고 나름 이런 삶을 동경하는 대도시 젊은 층에 거주를 이전하는 사전 체험을 할 수 있도록 기회를 주기도 한다. 그러나 막상 초중등 교육만으로 대도시의 인프라를 버리고 이주하기는 쉽지 않다.

농어촌 소규모 학교의 해결은 인구 유치다. 산업 기반을 쌓고 일반자치를 돕는 교육자치를 통해서 인구가 유입되는 것이 학생 수가 늘어나게 하는 가장 손쉽고 빠른 방법이다. 예를 들어 신안 흑산초 홍도분교는 대단히 멀고 험한 도서벽지임에도 끊임없는 젊은 층의 유입이 있다. 관

광산업이 활성화되어 있어 먹고 살 거리가 있기 때문이다. 따라서 홍도 분교는 아직도 학생 수를 유지하고 있다. 그러나 대다수의 전남 농어촌은 농사일 외에는 산업 기반 시설이 매우 열악하다. 한마디로 대도시에서 이주해 와서 농수산업 외에는 할 일이 없다는 것이다. 실제로 유학이 이주로까지 연결되는 일은 거의 없다.

그러다 보니 농산어촌 유학 프로그램의 문제를 지적하지 않을 수 없다. 가장 기본적으로 전남교육청은 이 프로그램을 활성화하기 위해서 이주에 필요한 초기 정착 비용부터 매달 학생 1인당 월 30만 원씩을 제공한다. 물론 서울시교육청도 30만 원씩을 제공한다. 그렇게 받은 돈으로 거주할 집을 지원한다. 펜션을 운영하거나 마을 학교를 운영하는 사람들 처지에서는 재정적 지원이 생기는 셈이다. 그런데 이 지원이 도대체 이해가 안 된다.

목포, 여수, 순천과 같은 시내 아파트 밀집 지역의 학생 수 1,000명이 넘는 학교들을 가 볼 때면 안타깝다. 학교 운동장이 시골 초등학교 운동장의 절반도 안 된다. 체육관과 뒷마당에 빼곡히 체육 활동을 하거나 놀이를 하겠다고 학생들이 나와 있는 모습을 보면 더욱 그렇다.

전남교육청은 전남의 아이들만 생각하자. 우리 아이들도 많은데 왜 군이 서울의 아이들에게 가뜩이나 전국에서 가장 열악한 재정자립도를 가지고 있는 전남교육청의 예산을 사용해야 하는지 묻고 싶다. 그 아이들이 전남의 아이들이라면 당연히 이해되지만 말이다. 유학이라는 것은 받아들이는 처지에서는 사업이고 이익이 되어야 한다. 전액 서울시교육청의 예산으로 서울시가 부담하고 전남의 가정과 아이들이 혜택을 누린다면 모르겠지만, 지금의 지원은 이상하다.

유학을 온 아이들은 거주 지원비뿐 아니라 학교에서 필요로 하는 모든 재정적 부담을 지원받는다. 왜 서울시 아이들을 데려다가 우리 재정으로 그런 혜택을 주는지 모르겠다. 이게 정말 좋은 제도라면 우리 전남에도 도시에서 생활하는 학생들이 많다는 것을 기억하자.

이게 우리 학생의 정서에도 도움이 되는지 모르겠다. 우리 아이들은 서울에서 온 아이들을 친구들이라기보다는 6개월에서 1년 체험하고 떠나갈 친구들로 인식한다. 체험을 하는 사람이야 색다른 경험이었겠지만 남아 있는 우리 아이들이 느낄 박탈감이랄까, 막연한 서울에 대한 동경 같은 부적응의 마음과 생각을 어떻게 진단하고 있는 것일까?

오는 아이들도 마찬가지다. 그 어린 나이에 낯선 환경에서 부모 없이 산다는 것이 쉬운 일이 아니다. 부모 중의 한 명이 따라 오는 경우라도 마찬가지다. 국내 기러기 부부가 되는 셈이다. 그렇게 따라온 학부모들의 교육열은 시골의 평온한 교육 시스템을 흔들어 놓을 만하다. 학교마다 그 뒤처리 업무는 물론이고 이런 정서적인 어려움을 호소하는 경우가 많다. 그리고 이제 그 대상을 여러 도시 지역으로 확대하려고 한다. 성과를 정확히 진단하지도 않은 채 홍보에 열을 올리고 있다. 도대체 누구를 위한 정책인지 묻지 않을 수 없다.

교육의 바른길, 우리 함께 갑시다

초·중 통합학교 바람직한가?

최근 전남에서는 초·중 통합학교에 대한 논의가 진전을 이루고 있다. 전남과 같이 학령인구가 급감하는 지역에서 문제 해결을 위해 노력하면서 나온 하나의 아이디어와 같은 제안이다. 그런데 이런 제안이 교육적 효과를 발휘하려면 반드시 교육의 기본과 이론적 개념을 바탕으로 해야 한다. 그러니까 초등과 중등의 다름과 같은 정체성을 잘 이해하고 고려한 정책이 뒷받침되어야 한다. 그동안 이러한 다름을 무시하고 행정의 편의성만 따져서 이루어진 정책의 실패를 반복하지 말아야 한다.

초등과 중등은 무엇이 어떻게 다른가? 초등과 중등은 교육의 대상인 학생이 다르다. 학생의 인지적, 정서적, 신체적 발달 특성이 다르다. 그래서 교육의 내용과 방법도 달라진다. 특히 초등은 1학년부터 6학년까지 발달단계가 뒤섞여 있어서 좀 더 복잡한 특수성을 갖고 있다. 초등학교 저학년의 일부 학생은 유치원생의 발달 특성에 가깝다. 반면에 고학년의 일부 학생은 중학생에 가깝다. 그러니 초등학교 교사는 복잡한 학생의 특성을 이해하고 다양하게 교육의 방법을 고민해야 한다.

이러한 이유로 초등과 중등은 교원의 양성 과정인 대학부터 나누어진다. 초등학교 교사를 양성하는 교육대학은 모든 교과의 교육과정과 교수학습 방법을 다룬다. 그래서 초등학생의 특성을 이해하고 가르치는 교육 방법의 전문가를 만든다. 반면에 중·고등학교 교사를 양성하는 사범대학은 단일 교과의 교육내용을 깊이 있게 다루고 그 교과의 교수·학습 방법만을 다룬다. 그래서 교과 내용학의 전문가를 만든다. 아주 단순하게 구분하자면 초등학교 교사에게는 교육의 대상인 어린 학생을 보다 고려한 교육 방법적인 전문성이 요구된다면, 중고등학교 교사는 인지적으로 발달한 중고등학생을 가르치다 보니 교과의 내용학을 잘 아는 교과의 전문성이 오히려 더 요구된다.

초등과 중등이 학급담임제와 교과담임제로 나누어진 이유도 학생의 발달 특성의 다름에서 기인한 것이다. 초등학생은 통합 교육과정을 적용하는 것이 유리하기 때문에 교과의 통합을 쉽게 이룰 수 있는 학급담임제를 우리나라뿐 아니라 전 세계적으로 하고 있다. 반면에 중등은 교과를 중시하기 때문에 교과담임제를 하고 있는 것이다. 너무나 당연하게 이루어지고 있는 학교 교육 체제의 밑바탕에는 모두 학생의 발달 특성을 고려한 교육 이론적 바탕과 이에 따른 세심한 배려가 있는 것이다.

따라서 초·중 통합학교와 같은 새로운 제도를 논의할 때도 꼭 염두에 두어야 할 것은 바로 교육의 대상인 학생에 대한 고려이다. 초·중 교차 수업과 같은 아이디어 차원의 제안도 초등교사와 중등교사가 지니는 전문성이 다르다는 것을 염두에 둔다면 교사 양성부터 고려되어야 한다. 초등과 중등의 다름을 충분히 이해하고 고려된 올바른 정책을 통해서, 초·중 통합학교 논의는 다시 고려되어야 한다.

과연 통합만이 정답인가?

학교 통합은 정말 신중해야 한다. 한번 없어진 학교를 살리기는 쉽지 않다. 더욱이 농어촌 지역에서 학교는 매우 중요한 역할을 하는 기관이다. 마을에 아이가 하나도 없어서 학교가 필요 없다면 몰라도 단 한 명의 아이라도 있으면 필요한 기관이 바로 학교다. 그리고 학교는 젊은 사람들이 귀농을 고려할 때에 필수적인 요소이다. 귀농 귀촌을 해서 살아갈 마음을 먹었는데 학교가 없어서 자녀를 키울 수 없는 여건이라면 어떻게 쉽게 귀향을 결정할 수 있을 것인가?

빈 땅에 산업시설과 주거시설이라도 마련하려고 할 때 기존의 학교가 존재하는 것과 없는 것은 큰 차이가 있다. 현재까지의 사례를 보았을 때 학교가 사라지면 마을도 곧 소멸의 위기에 다다른 것을 볼 수 있었다. 따라서 학교를 단순히 경제적 논리로 접근해서 무조건 폐교하는 것이 능사는 아니다. 오히려 농어촌특별법과 특성화를 통한 작은 학교 살리기와 같은 일을 강력하게 추진하는 것이 지역을 살리는 일이 될 것이다.

또 앞서 살펴본 것처럼 초·중 통합은 학교급이 나누어진 교육학적 논리를 무시한 정책으로 매우 바람직스럽지 못하다. 통합이 필요한 상황이라면 학교급을 통일해야 한다. 초등은 초등끼리 중등은 중등끼리 통합을 추진해야 하는 것이다. 그래야 교원들의 교차 지원이 가능하다. 작은 소규모 초등학교 같은 경우는 학생들의 교육적 차원에서 공동으로 음악이나 체육 수업을 하기도 한다. 그때마다 학생들의 발달단계의 차이로 수업을 진행하면서 참 쉽지 않은 일임을 깨닫게 된다. 그런데 이제 초·중 통합이라면 초등학교 1학년, 아니 병설 유치원의 5살 아이부터 중학교 3학년의 16살 학생까지 함께 어울려서 수업하기는 더더욱 쉽지 않다.

또한 중학생은 아직 법적 책임을 스스로 지는 나이가 아니다. 그런데 사춘기로 많은 정서적 어려움을 겪는 시기이기도 하다. 그런 공간에 아직 자신의 의사표시가 서툰 초등학생들이 자칫하면 학교폭력의 대상이 될 수도 있다. 생활지도가 더욱 신경 쓰이는 일이다. 많은 안전장치가 필요할 것이다.

무엇보다 교육 이론적으로 맞지 않는 일을 교육의 논리가 아닌 경제적인 논리로 행하는 것이 매우 부적절한 일이다. 따라서 학교 통폐합, 특히 초·중등 통합 같은 정책은 다시 신중하게 고려할 필요가 있다.

교육의 바른길, 우리 함께 갑시다

2. 이왕 가는 유학이라면 서울보다 해외로

유학원 수준의 해외 유학 정보 제공

왜 의사 집에 의사 나고 교사 집에 교사 날까? 자성예언과 같은 이론에 의하면 사람은 바라고 원하는 것을 구체적으로 꿈을 꾸면 이루어지는데 어려서부터 자연스레 가정에서 보고 배운 직업을 부모 따라 바라고 희망하기 때문에 꿈이 이루어진 것으로 생각하여진다. 그래서 아이들에게 꿈을 꾸게 하고, 희망을 품게 하고, 선언하게 해야 한다. 어려서부터 자주 접하고 꿈을 꾸게 하니 당연하다.

결국 어린 시절 보고, 자란 대로 이루어지는 것이다. 생각의 범주만큼 사람은 성장한다. 따라서 우물 안 개구리는 밖으로 내보내야 한다. 전남의 아이들을 지역적으로 가두어 둘 것이 아니라 넓고 큰 세상의 다양한 큰일을 꿈꿀 수 있도록 보여주어야 한다. 서울에서 공부할 때는 국가적인 일에 관한 관심을 가질 수밖에 없었다. 미국에서 공부할 때는 세계적인 일에 관한 관심이 생겼다. 결국 보는 만큼 생각하고 성장한다.

전남의 인재를 세계로 보내자. 아이들이 글로벌 인재로 자라날 수 있도록 시각을 넓혀 줄 필요가 있다. 그러면 우리 여건과 지역적 형편이 염려된다. 그래서 교육 행정기관이 필요하고 역할이 있는 것이다. 전남은 그동안 해외 연수를 추진하면서 교직원들에게 세계적인 생각을 심어 주고자 노력했다. 많은 교직원이 해외 연수를 통해서 해외 교육기관에 직접 경험을 쌓았다. 이제 그 인력을 활용하여 해외유학지원센터를 설립하고 우리 아이들과 학부모가 그러한 정보를 얻을 수 있도록 지원해야 한다.

해외유학지원센터를 통해 진학의 눈을 세계로 돌리도록 할 수 있다. 필요하면 해외 유학원을 연결하여 입시학원이나 유학원보다 더욱 뛰어난 정보를 센터를 통해서 제공하고 관계 기관 간의 연계와 협력을 통하여 학생을 추천하고 장학금을 받을 수 있도록 지원해야 한다.

유학 비용

지금 서울의 집값은 천정부지로 솟고 있다. 전남에서 자녀를 키우다가 서울의 집값이 피부로 와닿는 때가 바로 자녀들이 수도권으로 진학을 하거나 진학 후에 직장을 잡고 집이라도 구하려고 할 때이다. 지방에서는 미처 생각할 수도 없는 가격대에 집값이 형성되어 있기 때문이다. 좀 괜찮은 원룸이라도 구할라치면 전셋값이나 월세에 혀를 내두르게 된다. 다행스럽게 학교 기숙사라도 들어갈 수 있으면 좋지만, 그도 경쟁이 심

하다. 문제는 학교를 졸업하고 나서 직장을 구했을 때이다. 직장을 구하는 문제도 문제지만 아무리 좋은 직장이라도 숙식을 해결하고 나면 도대체 왜 일을 하는지 모르게 남는 돈이 없다.

그런 면에서 우리 대학들도 외국의 대학처럼 학사 운영에 융통성을 발휘할 필요가 있다. 철저히 학점제로 운영되는 외국 학교는 본인 능력과 노력에 따라 졸업 시기를 앞당길 수 있다. 외국 체류비가 걱정일 때 방학 기간에 계속 공부를 해서 과정을 당길 수도 있다.

서울의 비싼 물가와 집값을 생각하면 전 세계적으로 비슷한 비용으로 유학을 할 수 있는 경우가 많다. 문제는 그런 기회에 대한 정보의 부족이다. 개인이 알아내기에는 어려움이 있다. 따라서 도교육청 차원의 유학지원센터에서 전문 인력을 양성하고 정보를 축적하고, 세계적으로 길을 찾아서 우리 학생들에게 안내해 주는 역할을 할 필요가 있다.

세계 유수의 대학에서 공부를 하도록 해서 실력 면에서나 시각적인 면에서 넓은 세상을 경험한 학생들이 국가와 지역을 위해서 일할 수 있도록 교육과 행정이 그 뒷받침을 해 주어야 한다.

진로진학지원센터 활성화

진로진학지원센터는 직업 체험을 위해서 다양한 기관과 연계 협조를 구해야 한다. 대학뿐 아니라 일반 직장과 계속 협약을 맺어서 우리 아이들이 인턴이나 봉사활동, 체험학습이 가능하게 해 주어야 한다.

사실 진로 지도를 가장 못 하는 사람들이 선생님들이다. 초·중·고를 거쳐 대학까지 교육학만 배우고, 학교에서만 지내다가 그대로 교사가 되고, 학교에서 만나는 동료도 다 교사인 사람들이 사회의 다양한 직업의 세계를 잘 이해하지 못 한다. 그러다보니 아이들에게 피상적인 진로진학 정보를 제공할 뿐, 경험에서 와닿는 피부로 느끼는 이야기를 해 줄 수 없다. 그래서 학교가 부족한 부분은 아웃소싱을 해야 한다. 대표적인 분야가 진로지원 부분이다.

다양성이 중요한 미래 사회에서 다양한 직업의 안내는 그 분야 전문가들이 하는 것이 맞다. 학생들이 원하면 직접 체험하고 전문가들에게 직접 물어볼 수 있도록 교육 연계를 하고 안내를 해야 한다. 교사가 하는 것이 아니라 직업인이 직접 진로 지도를 한다는 말이다.

교육청은 그 연계와 다리 역할만 하면 된다. 그러자면 많은 기관과 직장의 협조, 지원이 요구된다. 행정가가 하는 일이 그런 것이다. 필요하면 예산 지원과 인력 지원을 해서라도 기관을 설득하고 우리 학생들에게 필요한 정보를 제공할 수 있는 준비를 할 수 있도록 해야 한다.

교육의 바른길, 우리 함께 갑시다

V. 목포사람 목포에서,
여수사람 여수에서

1. 교직원 근속상한연한 전격 폐지!

순천사람 순천에서 평생 살 수 있게

전라남도교육청 소속 교직원들은 해마다 매년 1월, 7월이면 일반직원들의 인사가 있고, 3월, 9월이면 교원들의 정기 인사가 있다. 인사철이면 어수선한 분위기 속에서도 새로운 근무처를 생각하면 기대가 되고, 의욕이 넘쳐야 하는데 사실 각자의 처지에 따라 희비가 엇갈린다. 승진하거나 도시 지역으로 들어오면서 기분 좋은 사람이 있는가 하면, 반대로 도서 벽지나 집에서 멀리 떨어진 지역으로 옮기는 사람은 우울한 분위기에 빠진다. 특히 집을 떠나서 가족과 헤어져야 하는 교직원들은 슬픔에 빠지기까지 한다. 그런 교직원들을 바라볼 때면 이런 전남의 교육 환경이 안타깝기 그지없다.

대도시에서는 이해하지 못하는 순환을 바탕으로 한 인사제도가 뿌리 깊게 존재하기 때문이다. 전라남도와 같이 시군이 많은 곳에서 도시와 농산어촌의 도서 벽지가 공존하는 지역은 도서 벽지의 원활한 교사 수급을 위해 '근속상한연한'이라는 것이 있다. 도시권의 지역에서 근무를 계속할 수 있는 연한을 강제로 정하여 일정 기간이 되면 무조건 거주 지역을 떠나서 전보해서 나가야 하는 제도이다.

예를 들어 초등교원의 경우 목포시와 광주 인근의 나주, 담양, 장성, 화순 지역은 8년, 순천은 10년을 근무하면 무조건 그 지역을 나가야 한다. 중등교원의 경우는 순천도 8년이고, 위의 지역 외에도 곡성, 무안, 영광, 영암, 함평도 모두 8년으로 근속 상한 연한이 정해져 있다.

이러한 근속상한연한은 교직원의 거주 생활 안정을 위협할 뿐 아니라 장기적으로 전라남도의 교육 발전에 도움이 되질 않는다. 그래서 교직원의 거주 생활 안정과 전남교육, 나아가서 전남의 사회 발전을 위하여 근속상한연한을 전격 폐지해야 한다고 주장한다.

교육은 교사의 질을 능가할 수 없다는 말은 교육계의 오래된 명제이다. 실로 학교의 교육을 완성하는 교실에서 이루어지는 모든 활동은 전적으로 교사의 능력에 달려 있다고 해도 과언이 아니다. 따라서 전남교육이 성공하기 위해서는 얼마나 훌륭한 선생님들을 모시고, 또 그들의 역량을 어떻게 키우느냐에 달려 있다. 그러나 불행히도 전남은 선생님들이 오고 싶어 하는 곳이 아니다. 치열한 교사 임용시험 경쟁 때문에 상대적으로 경쟁률이 낮은 전남에 어쩔 수 없이 왔다고 하더라도 그들은 다시 전남을 떠날 궁리부터 한다. 그런 가장 큰 이유가 거주가 불안정하기 때문이라고 진단한다. 떠나려는 교사들을 탓할 일만도 아니다. 오히려 전남에서도 편리한 생활을 할 수 있는 방안을 찾아서 오고 싶고, 남고 싶은 환경을 만드는 방법을 고민해야 할 일이다.

예를 들어 광주교대나 전남사대의 출신 지역별 입학생 비율을 살펴보면 전남 출신이 그리 많지 않다. 해마다 전남에 새로 임용되는 교원 중에서 전남이 고향인 사람도 그리 많지 않다. 광주광역시와 같은 대도시 출신이거나 다른 지역 출신이 대부분이다. 그렇게 전남 임용고시에 응시해서 선생님이 된 그들에게 전남이 살아가면서 매력적인 곳으로 다가가지 않는 한 그들은 언제든지 고향을 찾아서, 또 도시를 찾아서 떠나고 싶어 하는 것이다.

그래서 휴직률도 높고, 이직률도 높아서 기간제 교사를 채용하는 비율이 전국 최고가 되는 것이다. 이직을 하는 것이 교사를 그만두는 것이 아니라 다른 지역의 임용고사를 보고 합격하면 그만두는 것이기 때문에 성적으로 따지면 높은 성적을 가졌던 교사들이 대개 떠나가게 된다. 그들의 역량을 갈고 닦으면 모두 전남교육의 훌륭한 리더로 성장할 수 있었던 아까운 인재들을 근속상한연한이 등을 떠밀어 보내게 되는 셈이다.

광주 출신의 교사들을 광주 인근의 나주, 담양, 화순, 장성, 영광, 함평 등에서 평생 근무할 수 있게 한다거나, 부산이나 경상도에서 온 선생님들을 광양, 순천에서 평생 근무할 수 있게 하고, 기타의 지역에서 온 선생님들을 목포나, 여수와 같은 큰 도시에서 평생 근무할 수 있게 한다면 과연 그들이 지금처럼 굳이 전남을 떠나고 싶어 할까?

전남의 교통 환경은 지금의 인사기준이 마련되었던 30여 년 전과 비교해서 상전벽해처럼 변하였다. 교통이 좋아진 관계로 선생님들은 주거를 도시에서 하면서 군 단위 학교로 모두 출퇴근을 하고 있다. 일단 그 마을에 거주하지 않기 때문에 근무하면서도 마을의 상황이나 아이들의 주변 환경을 잘 이해하지 못한다. 또한 오랜 시간 출퇴근으로 인해 피곤하기 쉽고, 교통체증을 피해 먼 길을 운전해야 하므로 학교에서부터 서둘러 집에 가려고 한다.

　따라서 과거의 인사기준을 바탕으로 오늘날 선생님들과 일반 행정직원들을 고통스럽게 할 이유가 없다. 과감한 인사제도 혁신과 개혁의 방안을 마련할 필요가 있다.

　대한민국 헌법 제10조는 모든 국민은 인간으로서의 존엄과 가치를 가지며, 행복을 추구할 권리를 가진다고 했다. 또한 제14조는 모든 국민은 거주·이전의 자유를 가진다고 했다. 교육공무원도 공무원이기 이전에 대한민국의 국민이다. 가능하면 제도적으로 국민의 기본적인 거주권과 행복에 관한 기본권을 지켜주는 방향으로 정비해가야 한다. 이것이 국민의 기본적인 권리이다. 거주 자유와 행복 추구권을 지켜주자는 말이다.

　지역에 근속상한연한이 있는 것처럼 학교도 근속연한이 있다. 대개 교원들은 4년으로 정해져 있다. 이러한 제한이 근속상한연한과 무관하지 않다. 학교를 혁신하고 새로운 문화풍토를 만들고, 그러한 노력이 지속되려면 핵심적인 역할을 담당했던 사람이 계속 있어야 한다. 현행처럼 4

년마다 옮기면 전혀 다른 풍토가 만들어지기 때문이다. 근속상한연한을 전격 폐지하면 지역과 학교의 여건에 따라 근속하는 방안들을 추가로 마련할 수 있다.

시골, 도서벽지의 교직원 유치 방안

그렇다면 시골이나 도서벽지의 교육은 누가 담당할 것인가? 교대나 사대 출신으로 교사 자격증을 받은 사람이라면 능력은 보장이 된다. 다만 전남과 같은 열악한 지역 환경을 가진 경우는 내가 사는 지역과 마을을 얼마나 사랑하고 헌신할 마음가짐이 있는가가 더욱 중요하다. 교통이 발달한 지금은 인근 시·군에서 충분히 거주할 수 있다. 그러나 불안한 정주 여건으로 다른 시·도에 임용을 준비하고 항상 떠나갈 마음을 안고 사는 것이 오히려 마을과 지역사회 주민이 바라보기에는 바람직하지 않다.

오늘날 친환경적인 삶을 좋아하는 사람들도 많아졌다. 단언컨대 한 지역에서 평생 근무를 보장하면 오히려 지금보다 훨씬 많은 수의 교직원이 광주를 떠나서 지역에 거주하는 사람들이 많아지리라고 본다. 특히 현재 광주에서 거주하는 대부분 교직원은 근무지가 안정되지 못하기 때문에 오히려 교통이 사방으로 연결된 광주에서 거주하는 경향이 있다. 가령 어느 교직원이 평생 나주나 화순에서 근무할 수 있다는 보장이 있다면 단순히 문화적 편리함을 누리고자 광주에 계속 거주하지는 않을 것이다. 오히려 그는 출퇴근이 편리한 나주나 화순에 집을 구하고, 문화적인 환경을 가끔 접하고자 광주를 방문하는 생활을 선택할 것이다.

이제 범위를 확대하면 친환경적인 삶을 좋아하는 사람들은 지역에 집을 구해서 거주하면서 지역의 주민이 되어 갈 것이다. 실제 근속상한연한이 없는 일부 지역인 진도나 고흥과 같은 곳에서는 그 지역의 주민으로 살아가는 교직원이 꽤 있고, 무엇보다 중요한 것은 그들의 삶의 만족도가 높다는 것이다. 그러한 삶을 유도하는 방안을 전남 전역으로 확대하자는 것이다. 우리 지역을 사랑하고 마을에서 함께 살고자 애정을 가진 선생님이 우리 마을의 학교 교직원으로 있는 것이 지역 입장에서 더 낫다고 보기 때문이다.

이러한 방안을 위해서 다양한 지원책이 후속 대책으로 제공되어야 한다.

우선 전남은 지역 곳곳에 폐교가 138개교에 달한다. 군 단위 지역의 읍내 중심지 부근에 집단 거주 문화시설을 조성하여 교직원의 생활 안정뿐 아니라 지자체의 협력을 이끌고 지역의 발전을 함께 도모해야 한다. 폐교 땅에 교직원의 사택 시설을 집중하고 상가와 같은 시설을 만들어서 지역의 주거단지 역할을 하도록 조성하자는 것이다. 이제는 지역이 학교를 도울 뿐 아니라 학교와 교육이 지역을 돕는 것이다. 교직원들이 마을의 주민이 되고, 진정한 마을 공동체로 융합하는 것이다. 사실 인구가 얼마 되지 않는 전남 소규모의 군 단위에서 안정된 소득과 고학력을 지닌 교직원들은 굉장히 매력적인 주민이 될 수 있다. 그들에게 주거를 공급하고, 주거 환경을 개선해 줌으로써 삶의 질을 높이고 지역 거주를 유도하는 방향으로 교육청의 시설 예산을 과감히 투입해야 한다. 이것이 궁극적으로 전남교육을 발전시키는 방안이 되기 때문이다.

교환 근무자의 도서벽지 근무 부가점을 인정해 준다면

우선 교육부 차원에서 승진임용 규정을 바꾸어서 전국 17개 시도의 교환 근무자에게 전국의 도서벽지 근무의 승진 부가점을 인정해 주게 되면 전라남도뿐 아니라 비슷한 환경으로 교원 수급의 문제를 가지는 강원도, 경상북도와 같은 곳도 크게 반길 것이다.

농어촌특별법으로 전국의 도서벽지 근무점수를 아예 인정토록 하는 것이다. 그러면 서울이나 광주와 같은 도시권에서는 승진을 앞둔 유능한 중견 교사들이 전남의 도서벽지로 오기 위해서 노력할 수밖에 없다. 사실 교원의 승진이 현재와 같은 점수제로 유지되는 한은 성실하고 진취적인 사람들이 승진의 요건을 갖추려고 노력하여도 아무나 획득할 수 없는 점수들이 있다. 좀 더 노력한 사람, 좀 더 열악한 환경에서 근무한 사람에게 승진이라는 혜택을 준다는 취지라면 전국적으로 이런 점수를 원하는 사람이 획득할 수 있도록 제도를 정비하는 것은 서로에게 좋은 일이 될 수 있다.

교육의 바른길, 우리 함께 갑시다

그러나 당장은 전국단위의 제도 개선보다 우선은 전남 자체에서 시·군간 교환 근무제를 도입해야 한다. 수급이 상대적으로 어려운 도서벽지 지역에 근무지역점이 아닌 근무부가점만 딸 요량으로 오는 중견 교사들에게 단위 학교의 근무 연한만큼만 가령 3년 또는 4년만 근무할 수 있도록 정해 주면 유능한 교사들이 앞다투어 지원할 것이다. 어차피 전남은 승진을 위해서는 필수적으로 획득해 두어야 할 점수이기 때문이다. 오히려 승진에 별다른 뜻이 없는 교사들에게 억지로 도서벽지 근무를 시키는 것보다 훨씬 효과적이다. 사실 전남의 현실은 도서벽지 학교에서 근무할 교직원 수가 절대적으로 줄어들고 있어서 우리 자체적으로 이런 기회를 얻기도 쉽지 않은 일이 되고 있기 때문이다.

　전남은 시·군 간 인구수의 차이가 크다. 근무하는 교직원의 비율도 단순히 따질 일이 아니라 상대적으로 도시 지역과 일부 소규모 지역 군 단위의 비율을 자세히 산정할 필요가 있다. 현재 도서벽지 근무 교원 수는 전체의 5%에 지나지 않는다. 이렇게 낮은 비율의 교직원 수를 충원하고자 전체 교직원이 근속상한연한을 두어 전남에서 근무하는 전체 교직원의 사기를 저하하고 이직률을 높일 필요가 없는 것이다. 따라서 시급히 인사제도를 정비하여 인사제도를 개혁해야 한다.

지역인재 우선 임용 확대

　교원 임용은 전국단위로 같은 시험을 치르고 지역적으로 별도의 규정

을 마련할 수 있다. 전남은 현재 지역 단위 임용을 시행하고 있는데 이것을 전남 전 지역으로 확대할 필요가 있다. 교원의 수급 상황을 고려하여 아예 모집 단계에서부터 도시 지역과 군 단위 지역의 임용 인원을 달리 정하자는 말이다.

다시 말하지만 여기서 기본적으로 가질 철학은 지역을 사랑하고 지역에서 거주할 교직원을 우대하자는 방안이다. 그 지역 출신이면 더할 나위 없을 것이다. 그렇게 교원의 임용 수급을 조정하는 방식으로 그 지역에 신규 교사부터 중견 교사까지 적절하게 비율을 조정하여 안정적인 교원 수급을 유지할 수 있도록 하는 것이 각 시·군의 교육을 안정적으로 만들고 나아가서 전남 전체의 교육 발전에 이바지하는 방법이다.

왜냐하면 지금과 같이 일정한 기준 없이 교원의 희망에만 의존한 전보와 또 빈자리 채우기식의 신규 교사 수급은 특정 지역에 신규 교사만 또 반대로 어느 지역에는 경력 교사만 잔뜩 있게 되어 지역별로 교육 안정에 바람직하지 못한 현상을 낳게 되기 때문이다.

교원뿐 아니라 지방직 교육공무원을 임용할 때도 그 지역의 고등학교를 졸업하고, 앞으로 그 지역민으로 거주하고 생활하는 인재를 더 우대해서 지역의 인재를 우선 채용하는 방식으로 지역을 살리기 위한 노력을 할 필요가 있다.

2. 이렇게 하면 수업에만 전념할 수 있다

행정업무 거점학교

교육지원청에서 근무할 때 보면 일이 많아서 힘든 것이 아니라 나만 일하고 있는 듯해서 힘들 때가 있다. 분업과 협업의 유기적인 체제가 형성되지 않은 조직 문화에서 느낄 수 있는 일이다. 행사나 일이라는 것이 때가 있어서 어느 때는 일이 몰리고, 어느 때는 여유가 생긴다. 일이 몰릴 때는 함께 도와서 해 주면 수월하다. 그런데 내 일이 아니라고 그냥 쳐다만 보고 있으면 이런 일이 생길 수 있다. 따라서 업무를 유기적인 방식으로 나누어 줄 필요가 있다.

학교 역시 매년 업무를 나누고, 보직을 맡긴다. 가만히 보면 교육활동을 위해서 필요한 일이지만 행정업무 처리도 꽤 많다. 가뜩이나 혁신이다 뭐다 해서 수업만 고민해도 머리가 아픈데 익숙하지 않은 공문 처리나 예산 사용을 할 때면 선생님들은 난감하다. 그러다 보니 어떤 정책을 가져와도 선생님들은 항상 잡무가 많다고 말을 한다. 구조적인 문제다.

그래서 정책적으로 풀어야 한다.

가장 쉬운 방법은 선생님에게 직접 공문이 전달되지 않게 하는 일이다. 이것이 가능한 일인가?

글쎄, 이미 20여 년 전인 2000년 초반에 나는 신안 흑산초등학교 홍도분교에서 교사로 근무했다. 당시 흑산초등학교는 12개의 분교를 거느리고 있었다. 홍도분교는 그중 하나였다. 그리고 홍도분교에서는 오로지 아이들의 교육을 위한 활동만 고민하면 되었었다. 분교까지 전혀 공문이 오지 않고, 모든 행정적인 업무 처리는 흑산초등학교에서 알아서 다 해 주었다. 꼭 필요한 일은 그러니까 개인 인사에 관한 것이라든지, 통계상 변화가 있는 일은 전화로 물어보고 그 나머지는 기존에 가지고 있는 자료를 바탕으로 본교에서 처리했다.

섬마을에서 공문 하나 받지 않고, 행정업무 따로 처리하지 않아도 선생님들끼리 협업하면서 교육활동을 훌륭히 수행해 내었다. 알아서 월급 주고 행정업무를 처리해 주는 본교가 고맙기만 했다. 그때 홍도분교 학생 수는 40여 명 정도, 병설 유치원도 별도로 10명 가까이 있었다. 심지어 교장, 교감 선생님 안 계셔도 지역민과 학부모에게 만족을 주면서 선생님들끼리 알차게 학교 운영을 했었다.

학교를 분교로 격하시킬 필요는 없지만, 업무를 덜어낼 수는 있다. 사실상 학교의 행정업무를 지금과 같은 구조로 쪼개어서는 행정실에 직원

교육의 바른길, 우리 함께 갑시다

한 명이 다 처리하기 불가능하다. 그래서 학교 규모, 즉 학생 수에 상관없이 행정실장님과 주무관님이 최소 2인 이상 배치되어 있다. 그런데 그 일을 모아서 처리하면 어떨까?

아주 단순하게 생각해서 학생 수 60명 이하 소규모 학교에는 공문을 보내지 않는 분교처럼 업무를 처리하게 하자는 말이다. 그럼 한 명만 있어도 본교와 연락을 담당하고 자체 개산급 처리 정도의 업무만 담당하게 하면 가능하지 않을까? 본교의 역할을 하는 행정업무 거점학교를 선정해서 교무행정사님도 4, 5명을 배치하고, 행정실에도 주무관님들이 4, 5명씩 배치하면 업무를 분업해서 전문성과 효율성을 둘 다 이룰 수 있다. 순전히 업무 재배치에 관한 아이디어 하나로 말이다. 될까 안 될까가 아니라 지금도 많은 분교와 본교 사이에 이렇게 일을 하고 있다. 그 일을 학교 간으로 확대하자는 것이다. 그러므로 반드시 실행 가능하고 인력의 여유가 생길 것이라 기대한다.

교육지원청의 학교 지원 역할 제고

지금의 각 지역교육청의 학교지원센터는 그야말로 무늬만 학교 업무를 지원하는 격이다. 작은 규모의 교육지원청은 교육지원과와 행정지원과로 나뉘어 있었다. 그러던 것이 학교 지원 업무를 많이 늘리겠다고 학교지원센터를 만들어서 한 과를 더 늘렸다. 그런데 그렇게 늘어난 센터에 학교 일이 전부 옮겨 온 것이 아니라 그동안 교육지원과와 행정지원과에서 하던 일의 일부를 나누어서 가져왔다. 그도 그럴 것이 인력이 충원된 것이 아니라 기존의 인력을 세 과로 재배치했기 때문이다. 그러니 학교는 업무가 그대로다. 물론 일부 학교의 업무를 덜어온 것이 있다. 그러나 학교는 행정업무 경감을 피부로 느끼지 못한다. 여전히 교육청의 모든 분장 업무가 학교의 작은 행정실과 교무실의 몇몇 인원에게 몰리고 있기 때문이다.

행정업무 거점학교뿐 아니라 각 소규모 학교에서 빠져나온 인력을 교육지원청에 집중적으로 배치하고, 교육지원청의 행정 업무 능력을 강화해야 한다.

미국 유학 중에 살았던 오시코시 도시의 규모는 인구 5만여 명, 우리나라 한 군 단위 정도였다. 그곳 교육청에서는 모든 일선 학교의 행정업무를 도맡아서 하고 있었다. 그러니 정작 학교는 교사 인력도 많고, 학생 수도 많은데 행정인력은 많지 않았다. 가령 학부모나 외부인 신상 조사 같은 것도 교육청 홈페이지에 신청만 하면 알아서 조사해 주고 있었다. 교사 월급도 교육청에서 일괄 지급했다. 현장 체험학습 차량 배정도 교육청에서 했다. 심지어 학사 일정과 학교운영위원회 안내 자료도 교육청에서 일괄적으로 제작하여 안내하고 있었다. 학부모로서는 초등학생과 중학생 자녀를 함께 두고 있는 경우에 방학과 졸업 일정이 달라서 곤란한 때도 있다. 그런데 그런 교육과정 운영상의 일정도 교육청에서 통일해서 운영하고 있었다. 우리 같이 지역도 작은 곳에서 옆 학교와 학사 일정이 굳이 달라야 할 이유도 없는데 학교마다 교육과정 운영 계획을 별도로 세우는 일이 생각하기에 따라서는 업무의 중복이고 낭비다.

수치상으로 예상을 해 보자. 예를 들어 전남 보성군에는 초등학교가 17개교가 있다. 권역별로 4개 학교를 행정업무 거점학교로 선정하면 13개교가 업무를 전혀 주지 않는 학교가 될 수 있다. 실제 이 학교들은 전부 현재 학생 수가 60명 미만이다. 한 학교에 한 명씩만 계산해도 13명의 행정 주무관 여유 인력이 발생한다. 4개 학교에 2명씩 배치하면 8명이면 되고, 3명씩 배치하면 12명이면 된다. 8명을 배치했다고 치면 나머지 5명을 교육지원청 학교지원센터에 배치하면 된다. 학교 업무는 대폭 줄이고 교육지원청이 업무를 분담하면 얼마든지 처리해 낼 수 있는 인력을 확보하게 된다. 그리고 그런 배치를 통해서 같은 업무를 집중하게 되므로 업무의 전문성과 효율성이 높아진다.

결국 학교 업무를 교육지원청이 대신 하기 위해서는 일을 해 줄 수 있는 인력을 확보하느냐 문제인데 그것을 인력 재배치만으로 해낼 수 있는 것이다.

인력 재배치로 학교 경영도 수월하게

시골 학교는 땅이 넓다. 시설 관리를 담당하는 주무관 혼자서 그 넓은 땅을 관리해 내기는 엄두가 나지 않는다. 가장 많은 인력이 필요한 일이다. 그런데 현실을 보면 학교에는 겨우 한 명씩을 두고 있다. 이럴 때는 기존의 인력 배치 현황을 잘 살펴봐야 한다.

시골 학교마다 통학 차량을 한 대 이상 보유하고 있다. 아침, 저녁 학생들 통학을 위한 차량인데 등교 시간을 조정하면 얼마든지 효율적 운영이 가능하다. 통학 차량을 학교에 배치하는 것이 아니라 교육지원청에서 일괄 배치하고 운영을 시스템화하자는 것이다.

다시 미국 오시코시 도시의 아침 통학 차량 운영 현황을 예로 들어보면 통학 차량이 일사불란하게 시내버스 노선 운영하듯이 운행한다. 먼저 7시경에 초등학생들부터 태우고 한 바퀴 순례를 마친 버스들이 다시 8시경에 중고등학생들을 태우고 학교로 향한다. 하교는 반대로 운영한다. 낮에는 현장 체험학습이나 기타 용도로 버스들이 운행한다. 적은 차량 수로도 통학의 기능을 충분히 감당하고 있다.

학교마다 있는 통학 차량 운전 주무관님들은 아침에 한차례 운행하고 나면 낮 동안에는 할 일이 없다. 눈치껏 학교 시설 관리에 손을 보태면서 존재감을 드러내는 고마운 분들도 계시지만, 전혀 다른 일을 안 해도 문제될 것도 없다. 어디 계시는지 모습도 안 보이다가 방과 후에 하교 때 한 차례 하교 운행을 하고 나면 그날의 업무가 끝이다. 통학 차량 운행 방법만 바꾸어도 운전원 인력을 훨씬 여유 있게 확보할 수 있다. 그리고 그 인력을 시설 관리 인력으로 활용해야 한다.

시설 관리도 운용의 묘가 있기 마련이다. 한 사람이 한 학교를 관리하려면 엄두가 나지 않지만, 인근 4, 5개 학교를 거점으로 묶는다면 일주일이든, 격주든 4, 5명의 인원이 함께 한 학교를 관리한다면 가령 가지치기나 제초작업 같은 것을 해 준다면 훨씬 학교 관리에 힘이 덜 들 것이다. 이것도 교육지원청이 인력 배치나 학교 시설물 관리의 상황 파악을 하고 있다면 가능한 일이다. 결국 교육지원청이 더욱 적극적인 지원 행정으로 학교의 어려움을 해결해 줄 수 있는 방향으로 나아가자는 것이다. 그러면 교육지원청의 행정을 하는 직원들도 보람을 갖게 되고, 업무가 과중한 부담을 덜 수 있고, 학교는 학교대로 안전하게 교육 본연의 활동에 집중할 수 있을 것이다.

3. 학교의 「자율책임 경영제」란?

코로나, 교육부의 아쉬운 대응

코로나 감염으로 고생하시고, 많은 고통과 아픔을 느끼셨을 가족 여러분들에게 위로와 격려를 전한다. 또 직접 수고하시는 많은 의료진, 관계 공무원 여러분들 너무너무 고맙다. 어려운 사회 경제 여건으로 고통받으시는 대다수 국민께 함께 힘을 내자고 말해 본다.

이번 사태를 계기로 국민적 소득도 있다. 우리의 의료체계와 방역시스템의 성공적인 노력으로 대한민국의 국가적 위상과 국민적 자부심이 올라갔다. 특히 국민이 보여준 성숙한 의식과 희생정신, 그리고 협력은 우리가 스스로 자긍심을 갖기에 충분했다.

우리는 흔히 미국이나 유럽을 선진국으로 보았지만, 이번 코로나 사태를 통해서 우리보다도 못한 모습을 보았다. 사실 부분적으로 우리나라는 이미 선진사회라고 자부한다. 미국이나 유럽을 가서 보면 확실히 우리와 차이 나는 몇 가지가 있다.

가장 먼저 느끼는 것은 대중교통 시스템이다. 미국은 자가용이 없으면 말할 수 없는 불편함이 있다. 첨단 장비로 무장한 한국의 대중교통 시스템은 정말 최고다. 그리고 치안 문제를 생각해 본다. 미국은 현관 출입구에 총기를 소지한 자의 출입 금지를 알리는 종이를 볼 수가 있다. 미국 강의실마다 입구에는 총기를 소지한 자가 복도에 출현했을 때 대응 요령을 적은 안내문이 꼭 비치되어 있다. 총기를 소지하지 않은 안전 문제도 우리나라가 살기 좋은 나라라는 것을 느꼈고, 이번에 드러난 의료체계도 정말 많이 앞서간다.

온 힘을 기울인 정부의 일사불란한 대응 노력에 감사한다. 그런데 교육자로서 이번에 교육부의 대응에서 조금은 아쉬운 점이 있다. 다분히 개인적인 생각임을 먼저 전제로 한다.

위기는 기회라고 했다. 조금 더 차분히 이 위기를 기회로 만드는 계기로 삼았으면 어떨까 싶었던 것이 우선 두 가지가 있는데 그 하나는 9월 학기제로의 전환이다. 이것은 우리나라 여러 정부의 오래된 과제였다. 이번 코로나 사태가 우리나라를 9월 학기제로 전환할 수 있는 절호의 기회였다고 생각한다. 단순히 세계적 흐름에 발을 맞추자 하든지, 유학생들의 편의와 시간 낭비를 없애자는 차원이 아니라 반대로 이런 생각을 해 보자고 제안한다.

과거 1980년대 학교에서 정말 공부 잘하는 전교 1, 2등이 가는 학과가 대개 자연 계열은 공대, 의대, 그리고 인문계열은 법대, 경영대를 고민했다. 실제로 의대를 가기보다는 전자공학과를 간 친구들이 꽤 있었다. 그래서인지 20년 후 우리나라의 반도체와 디스플레이, 핸드폰 등 전자산업이 우리나라 발전에 견인차 역할을 했다고 본다. IMF 이후 2000년대 들어서서 전교 1등은 묻지도 따지지도 않고 의대를 간다.

그래서 나는 대한민국의 의학이 머지않아 세계를 선도하리라 본다. 사실 의대가 그렇게 공부 재능만을 필요로 하는 곳은 아닌데 국가적으로 여러 분야로 진출하지 않는 점이 안타깝긴 하다. 그러나 미래에는 의료산업이 우리나라가 세계 제일이 되고, 부가가치가 높은 산업이 될 수 있다고 본다. 전 세계인이 치료를 위해서 우리나라에 오는 모습을 생각해 본다.

그런데 그다음 공부 잘하는 학생들이 가는 곳이 어딘지 생각해 보자. 교대나 사대. 요즘 초등학교 선생님이 되시는 분들이 얼마나 뛰어난 인재들인지 모른다. 나는 젊은 선생님들 볼 때마다 공부를 더 하라고 격려한다. 그래서 앞으로 교육이 세계 제일이 되길 기대하고 있다. 실제로 미국이나 유럽의 교육 시스템을 직접 보고 느낀 점은 이미 우리나라의 교육 체계는 선진국 수준이라는 것이다. 특히 교원 양성과 수급, 교원 연수를 통한 질적 관리 부분에서는 최고 수준이다.

미래 사회는 산업의 구조가 선진국형으로 바뀌어야 한다. 인재가 자원

　　　　　　　　　　　교육의 바른길, 우리 함께 갑시다

인 우리나라에서는 인재를 활용한 산업이 주축이 되어야 한다. 대표적으로 오늘날 K팝 등의 대중문화가 세계적으로 인정받는 것처럼 한국의 교육과 문화가 이 역할을 이어받아야 한다고 본다. 쉽게 말하자면 교육 사업을 해야 한다는 말이다.

대학은 많고, 학생들은 줄어들고 있다. 그럼 대학을 없애야 할까? 그렇지 않다. 전 세계적으로 대학이 모자란 나라들이 많이 있다. 유학생들을 받아서 돈을 벌자는 이야기다. 그러자면 우리나라의 학제가 세계화되는 그것이 기회를 활용하는 측면에서 바람직하다고 생각하는 것이다. 다시 말해서 우리가 유학을 편히 하기 위해서 바꾸자는 말이 아니라, 외국 학생들이 우리나라에 편하게 유학을 올 수 있는 체제를 만들기 위해서 바꾸자는 말이다.

그러나 평상시에 이러한 제도 개선이 결코 쉬운 일이 아니었기에 필요성을 제기하고 논의해도 계속 답보상태였다. 코로나는 불행한 상황이지만 그 불행의 위기를 기회로 바꿀 수 있는 기회였다는 것이다. 그 점이 우선 아쉽다.

두 번째는 2020년 막 코로나 상황이 시작되었을 때, 3월 1일 첫 개학 연기를 교육부 장관께서 직접 나오셔서 전국적으로 단행한 것이 두고두고 아쉽다. 왜냐면 지금 교육의 흐름이 교육 자치를 법제화하고 강화하는 준비를 하는 때이다. 위기 상황에 어차피 비상 근무하는 교육공무원들 처지에서는 이번 기회에 각 지방자치단체의 교육자치 역량을 강화할 수 있는 절호의 기회였다고 생각하기 때문이다. 처음에 각 지방자치단체 그러니까 각 시·도교육청이 자율적으로 휴업을 결정하도록 했었으면 참 좋았겠다고 생각한다. 왜냐면 지금 시도마다 처한 상황이 다르기 때문이다.

이렇게 말하면 누구는 등교하고, 누구는 못 하는 형평성의 문제를 바로 제기할 거다. 그런데 그 형평성의 문제 때문에 재량에 맡겼어야 한다. 무슨 말이냐면 지금 등교 개학을 할 수 있는 여건의 학교는 도서벽지 농산어촌의 소규모 학교밖에 없어서 그렇다. 이런 소규모 학교는 공교육밖에는 교육의 대안이 없는 곳이다. 도시 지역의 학교 학생들은 등교 개학이 멈춰 있는 때도 학원에 가서 사교육을 받고 있다. 그러나 농어촌처럼 사교육이 없는 곳에 사는 학생들의 경우는 교육적 혜택이 아예 멈춰버렸다. 학생이라야 한 반에 서너 명 교실에 오면 거리두기가 1m가 아니라 2, 3m도 가능하다. 다문화나 결손 가정이 많은데 학교에서 급식 제공도 안 하고, 집에서 온종일 온라인 학습으로 버텨내야 하는 아이들을 생각하면 가슴이 답답하다.

시·도교육청보다 상위 기관인 교육부가 결정하니 어쩔 수 없는 상황이다. 시·군별로 면 단위로 들어가면 확진자나 접촉자 하나 없는 곳까지 등교를 못 하고 있으니 얼마나 답답한 일인가? 물론 국민의 생명과 안전에 직결된 문제이니 신속하고 일방적인 결정에 딴지를 거는 것은 아니지만 그야말로 아쉬움이라는 표현을 한다.

교육의 바른길, 우리 함께 갑시다

단위 학교의 교장이, 그리고 시·도교육청이 그렇게 결정해 나가다가 사태를 봐서 교육부가 나서도 될 일이었는데 꼭 그렇게 처음부터 교육부 장관이 나서서 획일화해야 했는가 싶다.

마지막은 평소에도 느끼던 바인데 교육부에 초등 교육전문가가 얼마나 있는가를 묻고 싶을 때가 있다.

교육은 여러 분야로 나뉜다. 특히 대상에 따라서 유치원과 초등, 중등, 고등교육으로 나뉜다. 물론 전문가가 있겠지만 당시 교육부 장관의 발표를 가만히 듣고 있노라면 적어도 급한 상황에 비상대책 회의에 참여하고, 직접 교육부 장관에게 말을 건네는 직위에는 유치원, 초등교육 전문가는 없는 것이 아닌가 생각이 든다.

온라인 개학을 처음 시행하고자 이야기하는 내용에서 초등을 1, 2, 3학년과 4, 5, 6학년으로 나누는 것을 보고 좀 어이가 없었다. 그때 심하게 든 생각으로 우리나라가 광복 후에 미국과 소련에 의해 38선으로 나뉘는 어이없는 상황까지 생각이 미쳤다. 1, 2, 3학년과 4, 5, 6학년으로 나누는 구분의 기준이 뭐냐는 것이다. 아이의 발달단계를 고려한 것도 아니고, 교육과정과 학년 군의 개념을 고려한 것도 아니다. 전형적인 무지에서 오는 결정이었다. 이런 지적들이 교육부에 들어가서인지 다음에 등교 개학은 학년 군을 고려해서 나누는 모습을 보았다. 자기주도학습이 어려운 초등학생들의 발달과정을 무시하고 온라인 개학이라는 초유의 상황을 진행할 수밖에 없는 당시의 어려움을 충분히 이해한다.

그런데 그것보다 더 하루하루 속이 타들어 가는 상황이 있다. 그것은 유치원에 대한 대책을 제대로 세워 주지 않고 있다는 것이다. 온통 교육부의 관심은 고등교육인 대학과 대학입시를 준비하는 고등학교에 집중되어 있다. 그러나 교육에 조금만 조예가 있는 사람들이라면 어릴수록, 중등보다는 초등이 그리고 초등보다는 유치원과 유아교육이 중요하다고 인정한다.

지금 대한민국은 엄연히 유아교육법이 따로 있다. 초·중등교육법에 따라 유치원이 운영되는 것이 아니고 유아교육법에 따라 운영을 하는 것이다. 유아교육법 시행령 11조는 한 해를 2월 말로 한정 짓고 있고, 12조 수업일수에 의하면 1년에 180일 이상을 운영해야 한다. 물론 이런 비상시에는 10%까지 감축할 수 있다. 그럼 180일의 10%는 18일이니까 아마 162일 이상은 확보해야 한다. 그런데 27일부터 등교를 시작해도 이미 여름방학을 2주 잡고, 겨울방학 때는 초등학생들이 모두 방학을 하고도 법대로 하자면, 유치원생들이 2주는 더 그 추운 겨울에 나와야 한다.

마지막으로 제언을 하나 하자면 코로나 이후 또 어떤 전염병이 나올지 또 코로나 장기화에 대비한 모든 시나리오를 염두에 두고 교육의 시스템 전반을 전혀 다른 창의적인 시스템으로 구축해나가야 한다고 본다. 온라인의 일상화라든지, 등교 수업의 2부제라든지 그런 연구가 한 쪽에서는 진행되고 있어야 한다. 그런 세밀한 전문성과 대비를 갖춘 행정력이 필요하다.

왜 교육자치인가?

교육은 진보와 보수가 없다. 아니 없어야 한다. 가치중립적이어야 하고, 그러기 위해서 교육자치를 시행하는 것이다.

교육이 왜 가치중립적이어야 하는가? 간단히 예를 들어 보자. 우리 가정이 기독교 신앙을 가진 집안이라고 해 보자. 우리 아이가 초등학교나 중학교에 다니는데 학교 담임선생님께서 이슬람교도이신데 우리 아이에게 이슬람교를 전도하는 교육을 했다고 가정해 보자. 학부모의 관점에서 받아들이고, 이해할 수 있을까?

유·초·중·고 아이들이 아직 미성년이고 가치관이 정립되지 않은 시기이기 때문에 일방적인 가치관 교육은 매우 위험하다. 종교를 예로 들었지만, 이 사회에는 다양한 이념과 철학, 종교가 공존하고 있다. 학생들은 객관적인 내용을 공부하고 성인이 되어서 자신의 선택에 따라서 가치관을 가질 수 있도록 기회가 제공되어야 한다.

그래서 우리 교육이 특정한 정치 이념이나 세력에 좌우되지 말자고 교육을 자치제로 운영하는 것이다. 그렇지 않다면 굳이 교육이 일반자치와 구분될 이유가 없다.

가치에 관한 이야기를 했지만, 이념이나 철학은 많은 정책과 우리들의 행동 양식을 결정한다. 그리고 교육 역시 그렇게 역할이 결정된다. 그래서 교육의 기본과 본질을 지키는 노력을 해 나아가면서 교육자치를 강화하고자 하는 것이다.

그러나 교사도 사람인지라 자기만의 철학과 이념, 가치관이 분명하다. 그러한 생각은 은연중에 드러날 수밖에 없다. 그래서 교육자치는 양날의 검과 같이 약이 될 수도, 독이 될 수도 있다.

미래를 위한 교장의 교육 리더십

전국적으로 모든 학교를 대상으로 경영평가를 해서 우수한 학교를 선발하고 다녔던 한 지인이 우수한 학교의 공통점이 하나 있는데 아느냐고 물었다.

여러 가지 요소가 필요할 것 같았다. 그런데 그 지인의 대답은 바로 우수한 학교의 공통점은 훌륭한 교장선생님이 계셨다는 것이다. 학교 현장을 개선하는 필수적인 요소로서 교장의 올바른 리더십이 있다는 말이다.

학교의 자율책임 경영제를 이루는 방법 중에 교장의 리더십이 핵심이다. 교장은 학교와 마을의 분위기를 바꿀 수 있는 막중한 책임이 있다. 당연히 교장의 리더십 역량을 기르는 일이 매우 중요하게 여겨지는 부분이다.

학교에서 가장 중요한 것은 교실에서 학생과 교사의 만남이라고 생각한다. 그 만남에서 이루어지는 두 가지 활동, 하나는 학급 경영이고 하나는 수업이다.

교사는 두 가지 목표를 가지고 학생을 만난다. 하나는 학생의 전인적인 기본 인성 함양을 위한 것이고, 다른 하나는 기초 학력을 익힐 수 있도록 하는 것이다.

교장은 이러한 학급 활동이 달성될 수 있도록 지원해야 한다. 따라서 교장이 집중해야 할 두 가지 중요한 부분이 있다.

하나는 교사들과 학부모의 의견을 존중하고 받아들임으로 학교 경영을 민주적이고 합리적으로 운영하여야 한다. 그래서 그런 학교 경영의 분위기를 통해서 교실에서 교사도 역시 학급 경영을 민주적으로 운영토록 해야 한다. 이를 통해서 학생이 스스로 민주적 시민으로 자랄 수 있는 학급 경영을 유도하는 일이 우선이다.

다른 하나는 교사가 교실 수업에만 집중할 수 있도록 교사의 수업 능력 향상을 위한 각종 연수 참여와 연구에 지원하며 교육과정 운영에 필요한 모든 지원을 우선시해야 한다. 이를 위해서 불필요한 전시성 행사와 외적인 대회 참여는 줄이고 교실 내 교수학습 활동에 충실하도록 유도하는 일이 필요하다. 이것이 학교 교육이 해야 할 기본이라는 소신을 교장은 가지고 있어야 한다.

단위 학교 자율책임 경영제 도입

교장에게 경영책임을 지우고, 단위 학교가 스스로 결정하고 책임지는 자율책임경영을 강화할 필요가 있다.

교장선생님의 경우에 지역사회와 궁합이 잘 맞는다고 해야 할까? 지역의 학부모들이 강력하게 교장선생님의 연임을 원하는 경우가 종종 있다. 그런데 현 인사 규정에 얽매여 그러한 예외를 불허하고 있다. 그러나 학교 경영의 성과라든지 지역의 요구가 있다면 이것도 융통성 있게 운영하는 방안이 마련되어야 한다. 임기를 제한하지 않고 한 학교에서 오래도록 있을 수 있는 인사제도의 혁신으로 지역 단위와 학교의 특성을 오래도록 유지할 수 있도록 해야 한다.

인사권과 예산권이 권력의 핵심이다. 따라서 교장의 권한을 강화한다는 것은 인사권과 예산권을 확실히 책임지고 시행할 수 있는 권한을 부여한다는 말이다. 그런데 현재 교장에게는 그런 권한이 없다.

우선 인사권을 살펴보면 교장은 직원을 선발하거나 채용할 수 있는 권한이 없다. 그런 권한은 모두 교육청에 이관되었다. 직원의 발령은 교육청에서 전담하고 있고, 초빙교사 정도가 있는데 그것도 할당량이 있어서 학교를 경영하는 데 필요한 인력을 모시고 올 권한이 없다. 기간제나 강사, 공무직원의 채용도 모두 교육청에서 담당해서 발령을 내주는 시스템이 되었다. 일견 행정업무가 줄어들어서 편한 것 같지만 학교에서 요구하는 인력을 채용하기 어렵다는 문제도 있다. 채용과 발령이 학교장에게 있지 않으므로 발생하는 가장 큰 문제는 통솔력의 부재가 따른다. 교장의 명을 잘 따르지 않고, 지도 권한이 사라진다는 말이다. 따라서 교육청에 부여된 인사권에 교장이 간접적으로 관여할 수 있는 분명한 역할을 부여하여야 한다. 그것이 추천권이나 평가권이다. 근무 평정을 교장이 할 수 있도록 하는데 그 평정에 인사 관련 불이익이 분명하도록 명시해야 한다. 평정이 안 좋은데도 무기 계약에 따라서 근무 조건이 크게 달라지지 않으니 학교 현장에서 불성실하게 근무해도 달리 교장이 할 역할이 부여되지 않는 것이다.

이 부분에서 학교장의 역할과 평가 권한을 부여하고 객관적이고 정량적인 평가가 정확히 이루어지도록 행정 절차를 마련해야 한다. 그리고 유인책이나 근무 조처가 분명해지도록 규칙을 마련해야 한다.

예산권은 학교 단위에서 총괄적으로 사용할 수 있도록 목적사업비는 될 수 있으면 지양해야 한다. 예산 사용의 부정을 염려하여 자꾸 사업의 권한을 축소해서 오늘날 학교가 자체적으로 예산을 사용하는데, 어려움을 겪는 지경까지 다다랐다고 본다. 지금은 카드나 회계 전산처리 등으로 투명하게 처리할 수 있는 세상이 되었다. 엄격하고 공정한 집행을 할 수 있는 객관적 시스템을 갖추는 데 집중해야지 예산을 교육적 목적으로 사용하는데 일일이 교육청에서 지정해서 주어서는 안 된다. 왜냐하면 학교마다 시설과 교구와 프로그램의 상황이 다 다르기 때문이다. 그것을 가장 잘 파악하고 집행할 수 있는 것은 결국 그 학교의 교육공동체

구성원이 될 수밖에 없다. 따라서 학교가 스스로 예산을 편성 운영할 수 있도록 통으로 줄 수 있는 시스템이 필요하다. 그것이 학교의 단위 학교 자율 경영권을 보장하고 책임지는 교육활동을 할 수 있는 권한을 부여하는 일이 될 것이다.

지방자치가 꽃을 피우고 있다. 그리고 이제 교육자치가 강화되도록 법제화가 이루어지고 있다. 교육자치의 끝은 결국 학교 자치이다. 업무는 덜어주고 학교마다 특성화된 프로그램을 개발하며 지역의 환경에 맞는 맞춤형 교육과정을 구성해야 한다. 이를 위해서 학교가 스스로 운영하고 경영하는 시스템을 갖추고, 행정이 보조하는 역할을 해야 한다.

지역교육청의 권한 강화

지역교육청도 더 강력한 인사권한을 행사할 수 있어야 한다. 위임된 권한을 행사할 수 있는 도교육청 차원의 배려와 권한 양도가 필요하다. 그중에 하나는 학교급의 관리 차원을 신중하게 고려할 필요가 있다. 현재 지역교육청은 유치원과 초등학교와 중학교를 담당한다. 고등학교는 일괄 도교육청에서 관리한다. 그러다 보니 지역에서 중학교와 고등학교의 연계와 협조가 필요한 일에 잡음이 일어날 때가 있다. 관할 기관이 다르기 때문이다. 고등학교 처지에서는 지역교육청의 간섭이 불편하고, 지역교육청의 입장에서는 학교 관리가 이원화되어 불편하다.

고등학교까지 지역에서 관리하다 보면 도교육청은 인력을 보다 감축할 수 있다. 지역에 인력을 재편해서 보다 수월하고, 일관성 있게 관리할 수 있다. 사실 지역 교육지원청이 지금처럼 유·초·중학교만 관리한다면 학생 수 구성에서 지역 교육지원청이 전문 인력을 배치하기 어려운 이유도 있다. 학생 수로만 따지면 유치원과 초등학생이 중학교의 세 배나 되는데 중학교만 관리하는 중등 출신 인력이 교육장과 교육과장을 함께하고 있는 지역청의 경우 초등에 대한 교육과정 이해 부족의 문제가 발생한다.

그래서 가급적 교육장과 교육과장을 초·중등을 교차해서 발령내려고 애쓰고 있지만, 어느 교육청이나 초등에 집중된 학생 수로 인해 교육에 편향적인 정책이 발생한다. 고등학교까지 함께 관리하면 지역 교육청이 균형잡힌 정책을 만들고 실행할 수 있으리라 보고 그 역할이 강화될 수 있다. 반면 도교육청은 정책 수립 본연의 역할에 더욱 집중하고 학교 관리나 세세한 문제를 지역 교육청에 일임하면 된다. 지역 교육청의 위상도 높아지고 지역의 현안과 문제에 역할을 비중있게 담당할 수 있으리라 기대된다.

학생 자치

어른인 우리가 지금, 이 순간 잠깐 최면에 빠졌다고 생각하고 초등학교나 중학교, 기억이 잘 안 난다면 고등학교 시절로 돌아가 보자. 그때 우리는 스스로 미성숙한 인간이라고 생각하지 않았다. 그 자체로 완성된 사람이었다. 친구 관계로 속이 상해도, 때로는 부모님과 다투고 마음이 안 좋아도 우리 나름의 생각과 시각이 있었다. 그 생각이나 관점이 어른이 보기에 다소 미숙하고 어리숙해 보여도 그들에게는 올바르고 타당한 생각이었다.

우리, 특히 교육에 임하는 사람들, 교사나 학부모가 잊지 말아야 할 것이 바로 이 점이다. 학생들 나름의 생각은 모두 옳다. 눈높이를 우리가 함께하지 않을 따름이다. 다소 부족해도 그렇게 훈련하는 것이 바로 사회화를 위한 교육의 과정이다. 따라서 학교에서 학생들이 정하고, 선택하는 사항을 존중해 주고 이루어지는 교육이 가능해야 한다.

반사회적이고, 비교육적이라는 합당한 근거가 없는 일이라면 학생 자치회의 의사 결정을 존중하고 그들이 만든 법칙과 행사를 지원하는 일이 학교에서는 소중하다. 어차피 민주 사회를 이끄는 민주시민으로 성장하여야 할 우리 아이들에게 학교가 작은 민주 사회가 되어야 한다. 여기서 실수도 하고 실패도 하고 다양하고 많은 경험을 겪고 나가서 사회의 구성원으로 성장하여야 하는 것이다. 따라서 단위 학교의 그 어떤 자치 기구보다도 우선해서 존중하고 인정해 주어야 하는 협의체가 바로 학생 자치회이다. 물론 그들은 미성년이다. 그러나 그들 사회에서 적어도 학교에서 그들은 자기 삶과 교육을 결정할 수 있는 권한을 가진 주체이다. 따라서 학교장과 교직원협의회, 그리고 학부모회와 운영위원회는 학생회의 의견을 함께 고려하며 학교가 바로 이들을 위해서 존재한다는 사실을 항상 명심해야 한다. 이것이 학교 존재의 타당한 이유고, 명분이다.

교직원협의회

어느 학교의 교장이 아무리 뛰어나도 결국 학교 교육의 핵심인 교실에서 학생과 만나는 사람은 교사이다. 그러나, 통학차를 운행하고, 학교 환경을 정비하고, 청소하고, 교문을 지키고, 교직원이 필요한 물품을 준비하고, 예산을 수립하고 집행하고, 급식을 차질 없이 준비하는 모든 지원을 하는 직원이 없으면 학교는 제 기능을 못 한다. 선생님들은 그런 지원으로 교실에서 편안하게 학생들과 수업에 임할 수 있다. 이 모든 일이 교장이 통솔하는 것이 아니라 교직원 스스로 자신의 맡은 바 책무를 성실하게 수행할 때 가능한 일이다. 따라서 학교가 분주하게 그 기능을 다 하도록 돌아가기 위해서는 교직원 각자가 사명감과 자긍심을 느끼고 열심히 일할 수 있는 풍토와 분위기가 마련되어야 한다.

그리고 그들이 자신의 위치에서 바라보는 학교의 문제점과 개선사항들이 다 있다. 따라서 교직원이 함께 모여 학교의 비전과 방향을 공유하는 일은 매우 중요하다. 교직원협의회가 존중되어야 할 이유이다.

그들은 바로 전쟁에서 실제 싸움을 하는 장수가 되기 때문이다. 그들이 자신감을 가지고 용맹스럽게 승리하여야 하기 때문이다. 어떻게 하면 교직원의 사기가 충만하여 자발적으로 열심히 일할 수 있을까? 자신들이 맡은 바 사명이 막중하며 귀한 일을 함께하고 있다는 자각이 필요하다. 그러기에는 자율적인 결정을 존중해 주고 책임감과 보람을 갖게 하는 일이 가장 필요하다. 그래서 교직원협의회의 자유스러운 의견 개진과 결정 사항을 존중하고 시행하는 절차가 매우 소중하다. 교직원의 협조가 아니면 학교를 어떻게 운행할 수 있겠는가?

학부모회, 운영위원회, 그리고 지역사회

민주주의 사회에서 소수의 의견, 각자 개인의 의견들이 모두 존중받아야 함을 전제로 학교 경영에 임해야 한다.

학교가 예전처럼 자기만의 리그로 움직이는 시대가 아니다. 학교는 지역사회의 미래이고 관심의 대상이다. 지역민들이 운동 할 수 있도록 체육관과 운동장을 내어 주고, 도서관을 개방하는 등 각종 시설을 마을의 활성화를 위해서 함께 운영하는 센터로서의 역할을 담당해야 한다. 학교는 마을의 역사이고 추억을 공유하는 장소이다.

학생 한 사람이 소중한 때에 학부모 한 분 한 분도 매우 소중한 역할을 담당하게 되었다. 가정 교육과 사회 교육이 학교 교육과 맥락을 같이 하지 않으면 교육의 일관성이 상실된다. 학교가 어떤 철학과 방향으로 교육에 임하는지 가정과 사회는 함께 이해하고 방향을 맞출 필요가 있다.

그러기 위해서는 소통이 최선이다.

운영위원회가 지역사회와 학부모회와 학교를 연결하는 소통의 역할을 담당하고 학부모회는 전체를 아우르며 자녀교육 및 교육공동체를 통해 자신들의 역할에 보람을 가질 수 있도록 배려해야 한다.

지역이 자랑스러워하는 학교가 될 수 있으려면 지역민이 함께 참여하고 사랑하는 학교가 되어야 한다. 어느 가정이나 자녀는 가장 소중한 존재이고 우리 사회와 지역의 미래이기 때문에 학교는 지역사회의 귀한 존재가 되어야 한다. 그러기 위해서 가장 중요한 것은 개방과 소통이다. 학교가 추구하는 방향과 교장과 교직원들이 생각하는 지향점을 지역사회와 학부모가 공유하고 함께 발전을 논의하는 방향으로 나아가야 한다.

선생님들이 오늘도 교실에서 학생들을 성실히 지도할 것을 믿고, 학교를 지원하고 보람을 느끼며 신뢰 속에서 학부모들과 지역사회는 행복한 만족을 느낀다. 가장 이상적이고 바람직한 학교의 모습이다. 이런 학교가 될 수 있도록 교육청은 학교에 전폭적인 지원과 자율권을 강화해 주는 역할을 하는 것이 서로 각자의 역할에 충실한 모습이다. 그래야 단위학교의 자율책임 경영제가 바르게 설정될 수 있는 것이다. 그리고 미래에는 반드시 그런 모습으로 각각의 학교가 설 수 있어야 한다.

4. 교장공모제 투표로 바꾼다면

교장이 되기까지의 과정

2018년 교육통계를 보니, 전국적으로 학교는 모두 초등학교 6,064개, 중학교 3,214개, 고등학교 2,358개로 총 11,636개가 있다. 결국 학교마다 있는 교장의 수가 11,636명이라는 말이다. 교원 수는 초등학교 186,684명, 중학교 109,906명, 고등학교 134,227명으로 총 430,817명이 있다. 교장 11,636명은 전체 교원 430,817명의 비율로 따지자면 2.7% 정도가 된다. 전혀 높지 않은 비율이다.

그렇다면 학교 안에서 교원이 승진할 수 있는 가장 높은 자리에 있는 교장이 되려면 어떠한 과정을 거쳐야 할까? 교장 자격을 받고 승진하기까지 필요한 과정을 살펴보자. 사립은 여기서 좀 논외로 한다.

우선 교사가 되려면 현재 우리나라는 교사 자격증을 가지고 임용고사라는 관문을 거쳐 국가 교육공무원의 신분을 갖게 된다. 교사 자격을 취득하기 위해서는 교육대학이나 사범대학에 입학해야 한다. 교대 또는 사대를 졸업하면 2급 정교사 자격증이 주어진다.

교사 임용 시험에 합격하여 교사로서 3년 이상의 경력이 쌓이면 1급 정교사 자격연수를 받을 수 있는 대상자가 된다. 1급 정교사 자격은 교사 경력만 쌓이면 누구나 대상자가 되어 받을 수 있다. 그러나 이 자격연수를 이수할 때 얻는 성적부터 장차 교장으로 승진하는 갈림길이 시작된다.

1급 정교사 자격증을 가지고 그다음 얻을 수 있는 자격이 바로 교감 자격이다. 자격 대상이 되는 가장 필요한 요건 중 하나는 바로 경력이다. 교사로서 20년 이상의 교육 경력을 가지면 교감 자격연수를 받을 수 있는 대상이 된다. 그러나 경력이 된 사람 누구나 받는 것이 아니라 상대평가에 의한 서열에 의해 그 해 교감 승진 인원에 필요한 수만큼 받게 된다.

이 자격을 받고자 준비해야 하는 과정이 결코 쉬운 일이 아니다. 이것저것 많은 교육 경험에 점수를 부과하고 평생에 걸친 경력의 점수를 합해서 상대적으로 순위를 매긴다. 이 순위를 매기기 위해 받아야 하는 점수를 모아 서열을 정하는 것이라 남이 받은 점수, 누구나 받을 수 있는 기본 점수는 당연히 나도 갖고 있어야 한다. 그러기에 그 밖에 더해서 주는 부가 점수를 더 챙겨야 서열을 매길 때 앞에 설 수 있는 냉혹하고 매우 경쟁을 유도하는 구조이다.

그리고 그 점수 중 하나가 15년 전, 젊은 시절에 받은 1급 정교사 자격 연수 성적이 들어가기 때문이다. 그 밖에 기본적으로 받아야 하는 점수를 살펴보면 다음과 같다.

기본적으로 경력점수가 있는데, 만점을 받으려면 20년 이상의 교원 경력이 있어야 한다. 그래서 최소 20년 이상이 되어야 한다고 말하는 것이다. 누구나 받을 수 있는 점수이기에 당연히 기본 점수를 가지고 있어야 한다.

이제부터 누구나 받을 수 있는 점수가 아니라 상대적으로 얻기 어려운 점수들을 살펴보면, 대표적으로 근무성적평정 점수가 있다. 최소 3년은 만점인 100점을 받아야 하는데 근무성적평정은 학교에서 교원들을 대상으로 상대평가로 주는 점수라서 한 학교에서 만점인 100점은 오직 한 명만을 주기 때문에 결코 쉽게 얻을 수 있는 점수가 아니다. 현재 근무성적평정은 교장과 교감, 그리고 교원들 사이의 다면평가를 모두 합해서 결정하는데, 이 점수가 승진의 가장 큰 걸림돌이 되기도 한다.

그리고 연수 성적이 필요하다. 우선 1급 정교사 자격연수 성적을 반영한다. 그런데 보통 이 자격연수가 교사가 된 지 3년에서 5년 이내에 받는데 젊은 시절 받은 연수가 15년 뒤에 승진에 결정적인 영향을 미치게 되는 것이다. 어차피 서열을 매기는 일이 필요한지라 모든 연수 성적은 상대평가로 서열을 매겨서 연수 성적을 주게 되는 이 점수로 얻은 결과가 곧 15년 뒤 승진 서열이 되곤 하는 것이다. 또한 매년 60시간 이상의 연수를 적어도 10년은 꾸준히 받아야 한다. 교사의 연수 성적은 모두 상대 평가다. 그 연수 중 적어도 한 번은 96점 이상의 성적을 얻어야 한다.

그리고, 연구점수가 있다. 시·도교육청 단위의 연구대회에서 최하 3 등급의 점수가 0.5점이고 만점이 3점이므로 그렇게 따지면 6년 이상 연 구대회에 응시해서 점수를 계속 받아야 만점이다. 이 연구를 대체하는 점수는 학위 점수가 있는데 대학원에서 석사 학위를 받으면 인정해 주 는 점수가 1.5점이니까, 연구대회 입상 실적 없이 교감이 되자면 최하 석 사 학위만 2개를 받아야 3점 만점이 되고, 박사 학위를 하나 받으면 3점 만점이 되는 것이 연구점수이다.

이상과 같은 경력점수, 근무성적평점점수, 연수점수와 연구점수가 전 국 공통이고 기본 점수이다. 그밖에 각 시도교육청에서 교사들의 노력 을 더욱 필요로 하는 분야에 부가 점수 제도를 두어 승진을 매개로 교사 들의 노력을 부추기고 있다.

전라남도에서 운영하는 승진 부가점 몇 가지를 예로 들어 본다. 전라 남도에서는 우선 연구학교에서 최하 7년은 근무해야 한다. 연구학교에 근무하면 학기마다 연구수업 공개를 하고 연구를 해서 결과물을 보고해 야 한다. 그런데 연구학교를 없애고 있다. 이 점수를 미리 받아 놓은 사 람과 앞으로 받을 수 있는 기회가 없는 사람의 갭을 어떻게 대비하고 있 는지는 모르겠다.

학교폭력 예방 실적을 10년 이상 쌓아야 한다. 전라남도에서 승진하려면 이 정도는 기본으로 해야 한다. 그래서 이에 더해서 가산점을 가지려고 노력하고 있는데 남들 다 하는 것을 자기만 하지 않으면 도저히 서열을 받을 수 없으니 이제 이런 것도 기본으로 준비해야 한다.

도서벽지 학교에 최소한 3년 이상은 근무해야 한다. 농어촌교육진흥학교도 7년 이상 근무해야 한다. 학교 근무 중에 보직교사를 7년 이상 해야 한다. 국가기술자격증도 1급 하나 정도는 보유해야 한다. 다양한 교육활동이 있는데 담임교사 외에도 특별연구교사, 사이버가정학습담당, 영재학급 담당 교사도 하면 좋다.

운이 좋게 근무한 학교가 교육실습, 소위 교생이라고 하는 예비교사 실습을 하는 학교여서 그 담당 교사라도 맡으면 남이 쉽게 얻지 못하는 특별한 점수를 얻을 수 있다.

각종 학생 경진 대회에서 학생을 입상시킨 경력도 도움이 된다. 특수교육대상 학생이나 한센병 환자 자녀를 학급 안에서 가르친 경력도 특별한 부가점이 있어서 도움이 된다.

매년 학기별 1회 이상의 공개수업을 점수화해서 이런 공개수업을 최소 2회씩 10년 이상 해야 한다. 전라남도 거주자에게만 부여하는 특별한 거주부가점이라는 점수가 있어서 주소도 반드시 전라남도에 되어 있어야 20년 후 교감으로 승진할 수 있는 꿈을 가질 수 있다.

최근에 학생 지도가 어렵다고 중·고등학교에서 학급담임을 꺼리는 경향이 생기자 학급을 담임한 경력도 승진 부가 점수로 만들었다.

이 모든 것에 성실히 준비하지 않으면 교감이 될 수 없다. 도대체 왜 이렇게 복잡한 승진체제가 만들어졌을까? 이것은 너무 뻔한 말이지만, 관점을 어떻게 가지고 바라보느냐에 따라 생각이 달라질 수 있다.

결국 가만히 내용을 들여다보면 학교 안에서 교사 월급이라는 것이 호봉제로 고정급으로 산정되기 때문에 교사들의 사기를 독려하는 방안이 쉽지 않다. 사람의 특성이 하기 싫은 일, 힘든 일, 남들이 피하는 일들을 굳이 내가 해야 할 이유가 무엇일까?

위에 언급한 일들은 모두 귀찮은 일들이다. 특수교육대상 학생이 함께 있는 학급을 담임하는 일은 아무래도 비장애 학생들만 있는 학급을 담임하는 일보다는 신경 쓸 일이 많다. 이런 학급을 맡아도, 저런 학급을 맡아도 교사는 급여가 달라지지 않는다. 심지어 학급담임을 하지 않고 교과를 가르치는 일만 하여도 급여의 차이가 크지 않다. 담임 수당 월 몇만 원 더 받는 것보다는 일이 적어서 여유가 있는 삶을 택하는 것이 요즘의 경향이다. 굳이 나의 수업을 피곤하게 남들에게 공개하지 않아도 교사로서 생활하는 데 어려움이 없다. 연수도 안 받으면 그만이다.

그러니 교사들의 질적 능력을 높이고, 학교 안에서 힘든 일들을 처리할 수 있도록 유인하는 사기 진작책이 절실하다. 결국 승진 가산점이라는 인센티브 제도로 만들어서 그런 일들을 해낼 수 있게끔 하는 것이 가장 큰 목적이 될 수 있다.

이것을 다른 관점으로 보아서 승진을 위해서 그런 점수만 따려고 노력하는 것이 교직 사회 발전에 도움이 되지 않는다고 보는 견해가 있다. 그래서 지금은 저런 부가점을 많이 삭제하고 있는데 그로 인해 당장 학교에서 문제가 발생하고 있다.

학교 안에서 보직을 맡아야 한 달에 수당 몇만 원 더 받는다. 그런데 보직을 맡으면 행정적인 잡무가 너무 많기에 대부분 교사들이 보직을 원하지 않는다. 그래서 승진 부가점을 만들었던 것인데, 이제 그 승진 부가점의 비중을 낮추니 당장 학교에서 는 그런 보직을 담당할 선생님을 구하지 못해서 야단이다. 승진 부가점을 어떠한 관점으로 바라보아야 할지 생각하게 하는 대목이다.

한 마디 덧붙이자면 요즘은 아예 승진을 원치 않는 현상마저도 일어나고 있다. 세대가 달라지면서 일보다는 개인과 가정의 행복 추구가 더 높은 가치로 존중받는 경향이 있다. 예전처럼 승진을 해서 더 좋은 것도 없다고 본다. 그러니 아예 승진 부가점과 같은 것에 관심을 두지 않고, 편히 살려는 경향이 있다. 그러니 학교 안에서 힘든 일, 꼭 해야 할 일들이 진행이 안 돼서 관리자들이 학교 경영에 어려움을 호소하는 일이 잦아지고 있다. 학교 현장의 문제는 결국 학생들의 교육력 향상과 모든 맥이 닿아 있다고 보아야 하는데 말이다.

그렇게 교감 자격을 받을 수 있는 대상이 되었다고 모두 다 이루어진 것이 아니다. 전라남도의 경우에는 교감 자격연수를 받을 수 있는 대상자들을 모아서 심층 면접한다. 과거에 자격 대상자와 함께 근무했던 교직원들을 대상으로 조용히 인성과 자질을 묻는 설문을 한다. 그리고 면접을 본다. 여기서 다시 일부가 탈락하게 된다.

　그런 과정을 모두 통과하고 자격연수를 받은 선생님들을 대상으로 교감 승진 서열명부를 만들어서 새로 교감의 자리가 생기면 승진을 시킨다. 그러나 교감으로 승진했다고 다 끝나는 것이 아니다. 이 모든 노력은 교감이 되는 과정에만 필요하고, 이제 교감이 되면 위의 모든 것을 새로 시작한다.

　이제부터 교감들끼리 다시 서열을 매겨서 교장 자격을 받을 수 있는 대상자를 선발하는 과정이 시작된다. 교감들은 나름대로 모두 다 노력해 오던 사람들이라 이제부터 교장 자격을 받기까지의 경쟁이 또한 만만치 않다.

　우선 교감 발령을 받고 3년이 지나야 교장 자격연수 대상자가 될 수 있다. 그리고 앞에서처럼 교장 자격을 받고, 다시 승진 서열명부에 올라서 승진을 하기까지의 매우 어려운 과정이 최소 5년에서 10년을 필요로 한다. 물론 그 과정에서 탈락하는 사람도 있고, 정년에 다다르기에 포기하고 교감으로 마치는 경우도 상당수에 이른다.

교장선출보직제란?

교감이 된 후 교장이 되기까지 빠르면 5년에서 늦으면 10년 이상도 걸린다고 했다. 그렇게 따지면 가장 빨라야 최소 25년에서 보통 30년 교육 경력을 가져야 교장이 될 수 있다. 그러다 보니 보통 50대 중후반에 다다라야 교장이 될 수 있다.

늦은 나이도 그렇지만 앞서 살펴본 것처럼 실로 교장이 되기까지 엄청난 개인적인 노력이 필요하다. 경쟁은 치열하고 자리는 한정되어 있으니 그런 승진 점수를 획득하기 위한 과도한 경쟁 속에서 문제가 있을 수 있다. 그래서 이런 승진제도가 교육 현장에 부작용을 낳는다고 일부 특정 교원노조에서 새롭게 제안한 제도가 바로 교장선출보직제도이다.

15년 이상의 교육 경력을 가진 교사 중에서 교장을 선출하고 보직 개념으로 교장의 업무를 수행한 후 다시 교사로 돌아가자는 것이다. 일명 대학의 총장선출보직제와 같은 맥락이다.

이 제도는 이미 유사한 방식으로 교장공모제를 통해 실험적으로 시행되고 있다. 공모 교장 유형 중에서 교장 자격이 없이 15년 교사 경력만으로 교장공모를 할 수 있도록 하였고, 실제 그 제도를 통해 교장이 되고 있다.

그런데 그 제도가 과연 민주적인 정신과 부합하는지 짚어 볼 필요가

교육의 바른길, 우리 함께 갑시다

있다. 어느 학교든 교사와 교장을 선발하라고 하면 누구를 더 중요시 뽑아야 할까? 당연히 교장이 중요하지 않을까? 사실 학교 경영의 성과는 구성원 이상으로 교장의 리더십과 역할이 중요하다고 많은 연구물이 그러한 결과를 내놓는다. 그런데도 교사 한 명을 선발하는 데는 각종 시험과 면접을 보면서 어렵게도 만들어 놓은 것이 임용고사이다. 그런데 정작 교장을 공모하는 자리를 가 보면 학교경영계획서를 보고 한 시간 면접하는 것이 전부이다. 많은 대중 앞에서 강연한 경험이 있는 사람은 정말 쉬운 것이 공모다. 그냥 첫인상이 신뢰감을 주고 말을 잘하면 그 면접에서 선택되는 것이다. 그러니 실제로 교장공모에 가 보면 교장 자격을 가졌건, 가지지 않았건, 그 사람이 어떤 노력을 하면서 살아왔는지보다는 그 순간 말을 유창하게 잘하는 사람이 유리하다. 그럼 그렇게 말 잘하는 사람이 경영도 잘하느냐? 그것은 여러모로 따져 볼 일이다.

이런 공모제를 15년 이상 경력의 교사가 응모할 수 있게 하는 제도로 100% 바꾸는 것부터 시작해서 선출보직제도를 만들어내자고 한다. 전 세계 어느 나라에서 교장이 자격 없이 그 직을 수행하는 나라가 있을까? 이런 의문에 답이라도 하듯이 그렇게 공모로 교장직을 수행하게 된 사람들에게는 묻지도 따지지도 않고 교장 자격연수대상자로 지명하여 먼저 교장 일을 하게 하면서 뒤늦게 자격을 준다. 이게 뭔가 대단히 모순으로 느껴진다. 왜 교장 자격을 그렇게 힘들게 받게 하면서 한편으로는 이리도 쉽게 취득할 수 있는 길을 마련하고 이것을 합리적이고 다양한 승진제도라고 할까?

앞서 말한 그런 노력을 통해 정식으로 교장 자격을 받고 임명받은 교장선생님이 경영하는 학교와 단지 15년 교사 경력만 가지고 공모에 응모하여 하루 계획서 잘 발표하고 면접을 잘 치러서 선발된 교장선생님이 경영하는 학교하고 비교하면 이 제도를 주장하는 노조는 후자의 학교들이 훨씬 경영성과가 좋다고 말하는데 그 근거가 무엇인지 모르겠다. 그렇다면 굳이 국가적인 자격증 제도가 무슨 의미가 있을까?

공모 교장 선출 민주적으로 개선해야

지난 2016년 미국의 대통령 선거를 지켜보면서 '선거인단'이라는 그들의 독특한 선거제도를 이해하기 어려웠다. 힐러리 클린턴이 국민의 200만 이상 많은 득표를 얻고도 선거인단 확보 수에서 뒤져서 트럼프가 대통령으로 당선되었다. 이 독특한 선거제도는 미국의 역사와 문화를 이해해야만 이해된다.

이처럼 쉽게 이해되지 않는 선출방식이 또 하나 있는데 바로 앞에서 말한 우리의 공모 교장 선출방식이다.

승진 위주의 교직 문화를 개선하고자 교육 혁신의 하나로 승진제도의 개혁을 논의하고 있다. 현재까지 개선안은 교장선출보직제뿐 아니라 교감도 공모를 도입하는 안이 거론되고 있다. 이러한 공모제도는 선출방식부터 누구나 공감할 수 있는 합리적이고 민주적인 방식을 전제해야

교육의 바른길, 우리 함께 갑시다

한다. 그래서, 지난 10년간 공모제 심사방식은 끊임없이 바꾸면서 개선해 왔다. 그러나 아직도 교장공모를 둘러싸고 잡음이 계속되는 이유는 지금의 심사방식이 근본적인 문제를 가지고 있기 때문이라고 본다.

현재 교장공모의 심사는 먼저 학교에서 심사위원을 선발하고 그 심사위원들이 서류심사와 면접의 점수를 주어 배점을 하는 방식으로 운영하고 있다. 그리고 다시 교육청에서 심사위원을 선발하고 마찬가지로 점수를 주어 학교에서 얻은 점수와 합산을 해서 최종 순위를 매기고 있다. 이러한 배점 방식은 심사위원 개인마다 공평한 권리를 갖지 못하기 때문에 민주적이지 않다는 생각이 든다. 이게 무슨 말인지 다음과 같은 경우를 가정해 보자.

가령 어느 학교에서 선발한 10명의 심사위원이 있고, A와 B, 두 지원자가 있다고 해 보자. 한 심사위원이 A는 100점, B는 90점을 주어서 10점의 차이가 생겼다. 나머지 9명 심사위원은 반대로 A는 99점, B는 100점을 주어서 각각 1점씩 총 9점의 차이가 생겼다. 합산하면 10:9로 A 지원자가 1순위가 된다. 심사위원 한 명에 의해 벌어진 점수 차이가 나머지 심사위원 아홉 명이 차이를 준 점수보다 더 높기 때문이다. 결과적으로 한 명의 의견이 나머지 아홉 명의 의견을 뒤엎는 결과를 낳은 것이다. 일반적인 선거처럼 1인 1 투표제였다면 오히려 1:9의 차이로 B 지원자가 월등히 앞섰을 것이다.

현재 각각의 심사위원은 다른 심사위원이 어떻게 배점했는지를 알 수 없다. 결국 심사위원 각자가 행사하는 권리가 공평하지 않을 수 있기에 민주적이지 못하다는 것이다. 이런 결과를 방지해 보고자 현재는 최고와 최저점은 합산에서 제외한다. 사실 이것도 문제다. 심사위원으로 참여해도 본인도 모르는 채 자신이 준 점수가 사라지는 것이다.

가령 어떤 국회의원이 대통령이나 지자체장 선거제도를 이와 같은 점수 배점 방식으로 하자고 제안했을 때, 어떤 반응이 나올지 상상해 보면 이러한 배점제가 얼마나 민주적이지 못한지 금방 짐작할 수 있다.

흔히 교장선출보직제도를 이해시키는 예로 대학의 총장선출을 예로 든다. 그러나 대학에서는 보다 민주적인 직접 선거를 위해서 노력하고 있다. 재단에서 선발한 심사위원 몇몇이 관여하는 간접선거가 아니라 교직원과 학생 전체가 참여하는 직접 선거로 바꾸기 위한 민주화 투쟁이 대학 내에서 얼마나 빈번한가? 그런데 우리 공모 교장 선출은 심사위원 몇몇에 의한 간접 선출이다. 그래서 여러모로 현행 방식은 민주적이지 않다.

심사위원에 의한 점수 합산 방식은 임용고사와 같이 지원자가 너무 많을 때 필요한 것이다. 같은 심사위원 그룹이 모든 지원자를 심사할 수 없으니 기준을 정해서 다수의 심사위원 그룹이 점수를 준다. 또 참여하는 심사위원이 전부 교육전문가라는 가정하에서 이루어지는 것이다. 그러나 교장공모에 참여하는 심사위원은 학부모와 지역 인사들이 함께 있어서 모두가 일관된 관점으로 심사를 할 수 있는 교육전문가라고 보기 어럽다. 따라서 교장공모 선출은 대통령이나 지자체장 선거처럼 1인 1 투표제와 같이 심사위원 개인에게 일정한 권리를 주는 방식이 더 좋을 수 있다. 그럼 소규모 학교 같은 경우는 복잡하게 심사위원을 선발하느라 고민하지 않고 모든 학부모와 교직원을 대상으로 직접적인 선출을 하는 방식을 취하기도 쉽다.

이와 같은 문제로 발생하는 정말 심각한 문제는 교장공모 결과에 대한 불신을 가져온다는 점이다. 점수 합산 방식은 치열한 경쟁이 이루어지는 환경에서 심사위원 몇몇과 결탁해 보고자 하는 유혹마저 준다. 심사위원 몇몇만 위의 가정과 같이 극단적인 점수를 주면 다수의 의견과 다른 왜곡된 결과를 만들 수 있기 때문이다. 더욱이 현재는 심사 결과를 일체 비공개로 하는 '폐쇄형'이라 본인이 어떤 점수를 어떻게 받았는지 알 수가 없다. 그래서 공모에서 탈락한 지원자들은 결과를 불신하고 각종 의혹을 제기하는 후유증을 낳고 있다. 이러한 불신이 공모제도의 좋은 취지에도 불구하고 제도 자체에 대한 거부감을 불러온다.

실제로 이러한 문제가 불거져서 경기도교육청은 지난해부터 교장공모 심사를 기존의 '폐쇄형'으로 진행하던 면접을 학부모와 교직원 모두가 참여하는 '개방·참여형'으로 개혁했다. 우리도 교육공동체 참여를 확대하고, 공정성과 투명성을 강화하는 방안으로 개선해서 공모제도의 취지를 살리고, 모두가 공감하는 합리적이고 민주적인 공모제도 정착이 이루어지기를 바란다.

따라서 교육공동체 다수가 원하는 교장을 선발한다는 취지를 살리자면 그냥 깔끔하게 1인 1 투표제와 같은 방식으로 개선해야 한다. 공모 교장의 취지를 살리는 제도의 바른 정착을 위해서 누구나 동의하고 이해할 수 있는 합리적이고 민주적인 방식으로 공모 교장 선출방식을 개선하는 노력을 기울이기를 바란다.

발탁은 또 다른 특혜 아닌가?

2010년 처음 주민직선제로 치러진 민선 1기 교육감이 당선된 후 전남 교육감의 인수위원회 명단을 보고 깜짝 놀랐다. 전라남도교육청의 행정을 인수·인계받겠다는 명단이 전원 현직 평교사로만 구성되어 있었기 때문이었다. 교감, 교장, 장학사는 단 한 명도 없었다.

그 교사들은 그 후에 파견이라는 형태로 교사 신분으로 교육청에 들어와서 정책을 만드는 일을 했다. 학생 가르치는 일을 하라고 월급 주는 교사가 교육행정을 하는데 이것을 문제 삼지 않는다는 것이 이해되지 않았다. 왜냐하면 이러한 교육 경력을 가진 유능한 인재를 교육행정가로 전직시키는 공개채용 제도가 엄연히 있기 때문이다. 그리고 그런 정식적인 절차를 밟아 들어온 교육전문직이 300여 명이 있고, 교육전문직을 거쳐 간 교감, 교장이 수없이 많음에도 일반 평교사들을 정책 기획에 파견으로 임명한다는 것이 이해되지 않았다.

예를 들자면 그렇다. 국가에 엄연히 행정고시나 사법고시와 같은 공개 채용 제도가 있다. 그런데 어느 날 시민사회단체의 지지를 받는 사람이 그런 단체의 도움으로 대통령이 되었다. 그리고 대통령이 되고 나서는 뜻이 맞는다고 또는 선거에 도움을 주었다고 시민단체의 일반인을 법관이나 사무관으로 임명한다면 기껏 고시를 거쳐 온 사람들은 무엇이 되는가? 이런 일이 상식적으로 가능한가?

그런데 이런 일이 버젓이 아무런 비판을 받지 않고 교육 권력 속에서 자행이 되었다. 더 기가 막힐 일은 이들의 파견 예정 기간이 끝나는 2년 후였다. 교육전문직 전직 시험의 기준과 공채 방법을 특별히 바꾸어서 파견해 온 교사들이 당당히 시험을 거쳐 장학사로 전직을 했다.

예를 들어 이런 식이었다. 정책만을 전문적으로 하는 장학사를 특별히 뽑겠다는 기준을 만들어서 기존의 공채 형식과 달리 1, 2차 시험 없이 논술 한 장, 또는 면접 한 번으로 시험을 보는 식이다. 그리고 그 특별한 기준의 시험은 다음 해에 바로 사라졌다. 이런 것이 채용 비리가 아니고 무엇이겠는가?

그렇게 장학사가 된 사람들이 바로 도교육청에 발령받았다. 신분만 파견교사에서 장학사로 바뀐 것이다. 전라남도 인사기준에 따르면 장학사는 지역교육청에 먼저 발령을 받고, 최소 2년 이상의 교육 전문직 경력이 있어야 도교육청에 발령할 수 있지만 그런 기준이 별다른 해명 없이 지켜지지 않았다. 그때그때 달라진다.

그리고 2018년 이번에는 아예 별도의 기구를 만들어 교육청 위의 옥상옥으로 존재했다. 혁신기획단을 만들어 또 파견교사들이 들어왔다. 교사들이 교육전문직보다도 높은 권한으로 정책을 결정한다는 것이다. 그렇게 교육행정이 하고 싶으면 교육전문직 공개채용에 응시해서 당당히 절차를 거쳐야 하고, 교감 교장으로 승진하고 싶으면 모든 사람이 노력하는 부가점을 얻기 위해서 남이 하기 싫어하는 그러나 누군가 반드시 해야만 하는 그런 일들을 나서서 해야 한다.

교원노조는 설립 목적과 부합하게 교사 권익을 위해 노력하는 본연의 역할이 있다. 교육행정에 관여하고 교육 권력에 집착하여 그런 목적을 이루려고 방향을 설정했는지는 모르겠다. 다만 선거에 의한 선출직은 어쩔 수 없다 하더라도 교육전문직으로 응시하여 전직한 많은 인재가 있다. 아무리 능력이 출중하여도 교사가 전문직 경력을 갖기 위한 절차가 있다. 기회는 공평하고 공정하게 주어져 있다. 전직 시험에 응시하여 본인의 능력을 검증받고 나오면 된다. 교육감은 이러한 시험에 통과한 사람 중에서 인재를 찾아 적재적소에 배치하여야 한다.

만일 어떤 장관이나 의원이 권력을 남용해서 기준을 바꿔 가며 자기 아들이나 딸을 공무원으로 슬그머니 집어넣었다면 우리 사회가 난리가 날 것이다. 그런데 왜 교육계 내에서는 이런 말도 안 되는 일을 아무렇지 않게 그것도 진보라고 불리는 교육감들이 자행하는지 모르겠다. 이래서는 안 된다고 생각한다. 교육감은 교육전문직의 승진 기준과 원칙을 명확히 세우고 지켜나가야 한다. 일반직 공무원에 상응하는 5급 상당, 4급 상당 의 기준이 있다. 지역청과 본청, 직속 기관의 파급력과 영향력이 엄연히 다르다. 교육전문직이 역할을 수행할 수 있도록 힘겹게 얻은 전문성을 살려 주고 장려하는 것이 전남교육의 큰 그림에 보탬이 될 것이다.

파격적인 발탁이 조직에 활력을 불어넣는 일은 성공확률이 매우 낮다고 본다. 왜냐면 새로운 환경과 일에서 겪게 될 시행착오가 있다. 그런데 교육은 자라나는 학생들을 대상으로 하는 일이다. 실험적이어서도 안되고 시행착오도 안 된다. 그래서 검증되고 확실한 결과의 내용을 적용하다 보니 다소 답답하고 보수적이고 더뎌 보이는 것이다. 그래도 그게 우리 아이들의 성장에 관한 문제라면 돌다리도 두들기는 심정이 더 바람직하다고 보는 것이다.

우리 함께 갑시다, 교육의 바른길

바른길이란 무엇을 의미하는 것일까? 왼쪽으로나 오른쪽으로 치우치지 않은 길, 그렇게 곧고 바르게 걸어가는 길이 바른길이 아닐까?

세상에는 수많은 가치와 이념이 공존한다. 어느 한쪽에 치우쳐서 편협한 가치와 이념에 사로잡히면 바른길을 가기 어렵다. 교육에도 이와 같이 치우침이 없이 가야 할 바른길이 있다.

교실에서 학생과 교사가 상호작용을 하면서 수업을 한다. 이때 학생의 학습권과 교사의 교육권은 모두 존중되어야 올바른 교육이 이루어질 수 있다. 그런데 학생의 인권만 지나치게 강조되어, 교사가 자칫 아동학대의 과다한 법 적용을 걱정하고 정당히 행해야 할 교육활동도 주저하게 된다면 교실에서 올바른 교육이 진행되기 어렵다.

학교 현장에서 교사의 민주적인 의사 결정 권한만 강조되고, 교장의 경영권에 대한 권한이 약화되어 교장이 정상적인 지도조차도 갑질이라는 비난을 두려워하며 소극적 행정으로 일관한다면 학교혁신이 오히려 요원하다.

그래서 우리는 다양한 가치의 다름을 이해하고 균형 잡힌 시각을 가져야 할 필요가 있다. 그래야 이쪽으로도 저쪽으로도 치우치지 않은 조화로운 교육을 이룰 수 있다.

교육은 진보도 보수도 아닌 가치중립적이어야 한다. 그러려고 교육 자치를 하고 있다. 교육의 대상인 유·초·중등 학생이 발달과정에 있는 미성년이기 때문이다. 그래서 유·초·중·고 학교 교육은 가치중립적인 교육을 지향한다.

교육감 직선제가 시작된 이후 지난 12년간 대한민국은 소위 진보 교육감이라 불리는 진영이 전국 대부분의 시도에서 교육자치를 하고 있다. 답답했던 공교육의 현실에서 교육 혁신을 외친 진보적인 변화의 호소가 제대로 국민의 지지를 받았기 때문이다.

그렇게 집권한 진보 교육감들! 광주와 전남도 예외는 아니다. 그런 지도부가 계속 집권하면서 지난 12년 동안 특정한 이념으로 치우친 전남 교육의 모습은 객관적인 학력 평가를 나타내는 대입 수능에서 전국 꼴찌라는 초라한 성적뿐이다. 입학사정관제와 수시 입학이 자리를 잡지 못하고, 다시 정시와 수능의 비중이 커지는 대학입시의 변화 앞에서 학력이 떨어진 전남의 아이들이 꿈을 잃어 가고 있다.

당장 공부를 못하고 기초 기본학력 부진에 시달리는 우리의 아이들에게 창의력과 사고력 향상과 같은 미래역량 함양을 기대할 수 없다. 일단 공부를 잘 할 수 있는 방안을 고민해야 한다. 그런데도 편향적인 사고와 동떨어진 현실 감각으로 이상적인 교육철학만을 고집하는 것은 진정한 진보적 정신이 아니다. 학교의 구조 혁신에만 매달려서 학교 공동체의 분열을 야기하고, 교실 수업 혁신을 제대로 끌어내지 못한 채 결국 전남교육 전체를 위기에 빠트렸다.

10여 년 전 과거 전남교육이 이 정도는 아니었다. 실력 전남을 기치로 매진하여 한때 중위권까지 올라갔던 성적이 지난 2017년 이후로 매년 17개 시도 중에 16위, 17위 그야말로 전국 꼴찌를 기록하고 있다. 물론 수능성적이 교육 전부는 아니다. 그러나 교육의 척도로서 분명한 비교평가의 역할을 할 수 있다.

수능성적만이 아니다. 기초 기본학력도 전국 최하위권이다. 거기다가 선생님들이 사표를 쓰고 이직하는 비율은 전국 최고이다. 교육청 평가는 매년 하위권이다. 매년 7,000명의 학생이 감소하고 있다. 한 아이도 포기하지 않는다고 줄기차게 외치는데 정작 중도에 학교를 포기하고 나가는 학생이 매년 1,300명에 달한다. 학생이 없는데 학교가 무슨 소용이겠는가?

사교육도 변변치 않은 전남에서 공교육이 제 역할을 하지 못하면 우리 아이들은 기댈 곳이 없다. 공교육이 신뢰를 회복하고 제 역할을 다하려

교육의 바른길, 우리 함께 갑시다

면 우선 균형 잡힌 교육철학으로 교육의 기본과 본질을 추구하는 노력이 필요하다.

출산인구 감소로 교육의 생태적 환경이 갈수록 열악해지는 지금, 전남은 지난 12년 전 약 30만 명이던 학생 수가 2021년 현재 19만 명으로 무려 12만 명의 학생 수가 감소했다. 농어촌의 학교는 갈수록 활력을 잃고 있으며, 텅 빈 운동장에서 아이들은 친구 하나 없이 유년 시절을 보내고 있다. 그렇다고 도시의 학교가 과밀이 해소된 것도 아니고, 사교육의 부담이 없는 것도 아니다.

지난 12년 줄기차게 부르짖었던 혁신학교, 무지개학교는 이름만큼 허황되고, 손에 잡히지 않는 무지개를 바라보는 허망함만 남아 있다. 편향된 시각으로 전남의 특수성을 무시했기 때문에 벌어진 일이라고 진단한다. 서울, 경기도와 전남은 환경적, 문화적 특수성이 엄연히 다르다. 전남은 전남에 맞는 창의적인 교육행정이 필요하다. 불철주야 전남교육에 헌신하는 교직원들의 노력이 있음에도 불구하고, 이를 뒷받침하는 창의적인 리더십의 부족이 전남교육을 이렇게 만들었다고 본다.

엄연히 교육행정을 전담하는 교육전문직을 공채로 모집하는 제도가 있다. 그렇게 시험을 치르고 전문직으로 전직한 교육전문직원은 연수와 많은 경험을 통해 전문성을 갖추어 간다. 이런 절차를 무시하고 전교조 소속의 일반 평교사를 교육청에 파견으로 불러들여서 교육정책을 맡겼다. 참으로 열심히 교육자의 본연에 충실하게 살아온 대다수 교원과 공정하고 정식적인 선발 절차를 거쳐 교육행정가로 이루 말할 수 없는 헌신으로 노력해 온 교육전문직원의 허탈함이 계속되어지는 전남교육의 현 상황으로는 미래의 발전을 기약할 수 없다.

우리는 하나의 집권 세력에게 지난 12년 동안 충분히 정책을 맡겨 보았고 진보적 실험도 해 보았다. 이제는 지난 12년의 결과를 평가해야 하는 때다. 그리고 그 평가가 냉혹하다면 이제는 새롭게 바꿔야 한다. 교육의 전문성 있는 리더들이 세워져서 전남교육을 다시 올바르게 바꾸어 나가야 한다. 교육 자치를 강화하고 완성시켜야 하는 중차대한 시기에 전남교육은 창의적이고 혁신적인 행정이 필요하다.

교육감은 유치원부터 초·중등 학생들의 교육을 대상으로 교육행정을 총괄하는 자리이다. 우리 학부모님과 소통하며 그 마음을 이해하고 학부모님의 요구를 가장 잘 들어줄 수 있는 리더가 절실히 필요하다.

다시 말하지만, 교육에 무슨 진보와 보수의 이념이 필요하겠는가? 우리 어린 자녀들이 올바른 민주시민 교육을 받는데, 특정한 진보적인 생각 또는 보수적인 생각을 가져야 할 필요가 없다. 전남은 여러 자연환경이나 생활환경이 서울, 경기도와 판이하다. 전국적인 전교조 집단 정책에 편승하여 전남만의 특색을 잊어버리고 특정한 집단의 교육 논리로만 접근해서는 전남만의 발전을 기대하기 어렵다. 우리는 우리만의 창의적이고 독창적인 행정이 필요하다.

교육의 바른길, 우리 함께 갑시다

교육자치가 발전하는 시대에 발맞추어 교육감의 철학과 신념은 더욱 중요해지고 있다. 이제는 지방자치 이상으로 교육자치도 중요하다. 전문성과 미래 비전, 지역을 살리는 확실한 정책적 대안을 제시해야 한다.

교육자치가 오히려 일반자치를 도와야 한다. 학교 때문에 사람들이 전남을 찾게 만들고, 지역을 살리는 활기찬 전남교육을 이루어내기 위해서 학교는 계속 존재해야 한다. 미래에 대한 새로운 비전과 새 희망을 찾아야 한다.

개인과 집단의 이기심으로 번번이 창의적인 정책을 반대해서는 전남교육의 미래 비전을 제시할 수 없다. 질서 있는 체계를 위하여 노력하는 자가 정당한 대가를 얻어야 한다. 그동안 교감, 교장, 전문직이 되기 위해서 평생을 노력해서 얻은 교육 관리자들과 전문가들이 소외되어서도 안 된다. 파격적인 발탁이라는 이름으로 끼리끼리 인사권을 남용하고 질서를 해치는 무분별한 교육행정을 더 이상 자행해서도 안 된다. 전남교육이 발전하려면 질서를 바로잡아야 한다. 그래야 우리의 아이들에게 민주시민교육을 바르게 시킬 수 있다.

위기의 전남교육이 살아남는 방법은 22개 시군, 각각의 지역을 살리는 방법밖에 없다. 지역이 살아나는 창의·혁신 교육행정 구현이 필요하다. 그러기 위해서는,

첫째, 가장 먼저 교직원이 지역에 거주할 방안을 마련해서, 지역민과

어울리고 함께 해야 한다. 교육행정이 일반행정을 도와 지역 주민의 삶에 도움을 주어야 한다. 교직원은 양질의 일자리를 제공할 수 있으며, 지역의 교육지원청은 지역 경제와 발전에 이바지할 수 있다. 그러려면 교직원은 그 지역에 거주하여 집을 짓고, 경제생활을 영위해야 한다.

그러나 그동안의 전남교육은 선택과 집중을 하지 못하고 교직원 근무연한을 제한하여 살고 싶은 사람마저 살 수 없도록 강제하는 인사행정을 펼쳐 왔다. 이제 모든 전남 지역이 살만한 곳으로 바꾸어 가는 일을 교육행정으로부터 시작해야 한다. 따라서 그동안 교직원의 삶을 불안정하게 만들고 거주할 여건을 마련하지 못한 교직원의 근속연한 상한제를 전격 폐지하는 창의적이고 혁신적인 인사행정을 통하여 교육의 바탕인 교직원 사기와 긍지를 높이는 일부터 전남교육의 패러다임을 바꾸기 시작해야 한다.

교직원 근속상한연한 전격 폐지를 통해 여수 교직원은 평생 여수에서, 목포 교직원은 평생 목포에서 살 수 있도록 제도를 바꾸어야 한다. 이제 광주에 집을 가지고 한 시간, 두 시간씩 출퇴근하는 일이 없도록 말이다. 어린아이들을 두고 별거하여 눈물짓는 주말부부의 삶을 사는 교직원이 없어야 한다. 평생 화순에서의 근무를 약속한다면 굳이 집값 비싼 광주에 집을 살 필요가 없다. 교직원의 나주, 화순, 담양, 장성의 거주가 실질적으로 늘어날 것으로 기대한다. 이러한 교직원의 거주 여건 변화는 실질적인 전남 경제와 지역민의 삶에 이바지할 것이다.

둘째, 또한 이러한 보완책으로 앞으로 교직원의 채용은 지역인재를 우선 채용하는 임용 제도를 도입해야 한다. 그 지역 주민이 지역의 학교 행정을 책임지고 양질의 일자리를 가져야 한다. 교직원 지역인재 우선 채용제도는 지역의 일자리를 가져오고 지역 사랑 정신을 가질 수 있는 방향의 전환을 기대한다. 교직원, 지역 주민 모두가 만족하는 창의적인 행정이 바로 위기의 전남교육을 살리는 대안이 될 수 있다.

셋째, 또한 학부모 만족을 위해 대학입시를 지원하는 컨설팅을 위해서 보다 구체적인 도움을 줄 수 있는 진학진로지원센터를 구축해야 한다. 사교육의 도움이 없는 전남에서 진로 진학을 위한 구체적인 지원 제도를 두어야 한다는 주장이다. 또한 해외 유학을 도와주는 해외유학진학지원센터를 두어 우리 전남의 인재들이 글로벌 인재로 자라나게 해야 한다. 우리 아이들과 학부모들의 시각을 미국과 유럽 등 전 세계로 향할 수 있게 도와주고 지원하는 일을 교육행정이 도와줄 수 있다.

넷째, 학교에서 아침 급식과 방학 중 급식을 전국 최초로 전격 실시해서 학생들이 학습에 집중력을 발휘할 수 있는 환경적, 정서적인 지원부터 세심하게 배려하여 학생들의 기초, 기본학력 제고에 노력해야 한다. 그리하여 실력 전남 회복의 기치를 높이 들고, 우리 아이들의 좋은 대학에 진학하며 꿈을 키울 수 있도록 기본적인 복지 환경을 마련해야 한다.

다섯째, 교원들이 온전히 학생 교육에 집중할 수 있는 행정업무 경감을 위해 구체적인 대책을 마련해야 한다. 전남은 학생 수 60명 이내 소규모 학교가 45%이다. 이런 작은 학교들이 큰 학교와 같은 행정업무에 시달리며 적은 학생 수를 가지고 완전 교육을 할 수 있는 전남만의 강점을 살리지 못하고 행정업무에 집중하는 것은 큰 낭비이자 안타까운 현실이다. 이를 개선하기 위해 과감히 행정업무 거점학교를 구축하고 지역 교육지원청의 행정인력 재배치를 통해 모든 행정업무를 교육지원청과 행정거점학교가 담당할 수 있도록 해야 한다. 작은 학교에는 아예 모든 공문이 전달되지 않도록 하여 교원들이 오로지 교수학습에만 집중하는 시스템을 구축하자는 말이다.

사람이 먼저라고 하는 시대정신은 사람을 차별하지 않는 시대, 누구나 할 수 있는 시대, 기회균등의 시대이다. 진정으로 교육에 있어서 이러한 시대 변화의 정신을 바꿀 수 있는 능력은 행정을 올바르게 실천하는 교육청의 전문성에서 비롯된다.

우리나라는 그 어떤 곳보다 좋은 교육이념을 갖고 있다. 교육을 통해 남을 이롭게 하는 사람이 되자는 것이 우리 교육의 기본 이념이다.

사람은 선한 가치를 추구한다. 누구나 좋은 영향력을 끼치며 사회에서 역할을 다하고 인정받고자 한다. 따라서 교육은 사람을 바른 사람으로 자라도록 사람의 선한 본성을 이끄는 교육이 되어야 한다.

선생님들은 열심히 가르치는 본연의 역할을 통해 학생들이 바르게 성장하고 변화해 가는 모습에 가장 큰 보람과 행복을 느낀다.

교육의 바른길, 우리 함께 갑시다

학생들은 자신이 바르게 성장하고 있다는 사실을 자각하며 긍지와 행복을 느낀다. 그러기 위해서 교육은 기본적으로 인간을 이롭게 하는 내용이 무엇인지 고민해야 한다.

교육의 기본적인 가치를 추구하기 위해서 인성교육을 강조한다. 사람됨의 기본은 웃어른을 공경하는 효도와 사람 사이의 관계에서 예의를 다하는 예절이 기본 중의 기본이다. 이런 것이 교육의 기본이 된다. 교육의 방향을 무시하고 이념 편향적인 교육을 무분별하게 하게 되면 아직 가치관이 형성되지 않은 어린 학생들에게 큰 영향을 끼친다.

즉, 이 시대를 살아가는 현실 속에서 논의하는 가치와 다양한 사고가 있다면, 이를 학교 교육과는 분리해서 생각할 필요가 있다는 뜻이다.

교육자는 사람이 살아가면서 지켜야 할 가치와 인간성이 무엇인가에 대한 고민을 해야 한다. 교육의 본질이 바로 사람이 사람답게 살도록 지켜야 할 가치를 가르치는 일이기 때문이다. 이런 바른 정신과 철학을 가진 교육자가 교육의 본질과 기본을 지킬 수 있다.

교육의 바른길,
우리 함께 갑시다

초판 1쇄 발행 2022년 2월 1일

펴낸이   이기봉
편집   좋은땅 편집팀
펴낸곳   도서출판 좋은땅
주소   서울특별시 마포구 양화로12길 26 지월드빌딩 (서교동 395-7)
전화   02)374-8616~7
팩스   02)374-8614
이메일   gworldbook@naver.com
홈페이지 www.g-world.co.kr

ISBN   979-11-388-0620-6 (03370)

- 가격은 뒤표지에 있습니다.
- 이 책은 저작권법에 의하여 보호를 받는 저작물이므로 무단 전재와 복제를 금합니다.
- 파본은 구입하신 서점에서 교환해 드립니다.